［新装版］仮面ライダー昆虫記

THE STORIES OF INSECTS & MASKED RIDER

稲垣栄洋
作画＝石森プロ

東京書籍

［新装版］に寄せて

昭和、平成、令和という時代を超えて、仮面ライダーたちは今も活躍を続けている。

この仮面ライダーの壮大な物語は、一体のバッタの改造人間から始まる。

本当に、ショッカーは、とんでもないものを造り出したものだ。

本書は２００３年に実業之日本社から刊行された『仮面ライダー昆虫記』に加筆・修正を加え、新規に石森プロによる作画を加え、［新装版］としたものです。

はじめに

息子の通う幼稚園で、仮面ライダーがはやっているという。

龍騎やファイズだけではない。なつかしい昔の仮面ライダーも、なのだ。ダブルライダーやV3、ストロンガーなど、かつて私たち大人が夢中になったヒーローたちが、うれしいことに二一世紀を生きる現代の子どもたちをも夢中にさせているのである。

もちろん子どもたちは、龍騎やファイズなど平成の仮面ライダーシリーズも大好きなのだが、勧善懲悪で、強くてかっこいい昔の仮面ライダーも、負けず劣らず人気があるようだ。

「そうか、1号ライダーやV3ならお父さんにもわかるぞ」

子どもの頃は、友だちとライダー博士を競った私である。しかし、月日は流れ、仮面ライダーのことなどすっかり忘れて、私はいつしか大人になっていた。ところが、息子のおかげで、私は何十年ぶりかに仮面ライダーと再会することになったのである。

息子にせがまれてビデオを借りてきて久しぶりに仮面ライダーを見直した。時を経ても仮面ライダーは色あせることなく、相変わらずかっこいい。そして、なつかしい仮面ライダーの勇姿は、忙しい毎日の中で忘れかけていた少年時代を、ありありと思い出させてくれたのである。

虫かごいっぱいセミをとったり、セミやバッタ、トンボを追いかけた。眠い目をこすってクワガタもとりにいったなぁ。

なぜか頭に浮かんだのは、虫取り網を手に野山を駆け巡った思い出だった。そういえば、子どもの頃はよく虫とりをして遊んだものだ。数あるテレビヒーローの中で、仮面ライダーが特に大好きだったのは、今にして思えば仮面ライダーがバッタの改造人間だったからかもしれない。

地上を走り回り、大空を飛び交い、土に潜り、自分より重いものを持ち上げる。ミクロの体に高い能力を秘めた昆虫が、もし等身大になったとしたら……。仮面ライダーは、そんな夢を改造人間という形で実現してくれた。力の限りを尽くしたライダーと怪人たちとの死闘は、虫好きだった子ども時代の私にとっては、まさにカブトムシとクワガタムシのバトルにも似たわくわく感があったような気がする。

仮面ライダーの絵を描きながら、息子がふと、こんなことを言う。

「仮面ライダーには角が二本あるんだ」

確かに仮面ライダーの頭の前面からは二本突き出たものがある。しかし、残念ながらあれは角ではない、バッタの触角である。よく知られているように、仮面ライダーはバッタの改造人間なのだ。

私は息子に話しかけた。

「仮面ライダーはね。バッタの改造人間なんだよ」

「本当？」

やはり知らなかったようだ。

昆虫の体のメカニックや異質さは、少年たちを不思議と引きつける。そんな昆虫をモチーフとしていることが、仮面ライダーの魅力の一つでもあるのだ。仮面ライダーがバッタの改造人間である、という原点に立ったとき、息子もきっと仮面ライダーの新しい魅力を発見するに違いない。

それではライダー好きの息子のために、仮面ライダーと昆虫のとっておきの物語を語り聞かせてあげることにしよう。

さあ、『仮面ライダー昆虫記』の始まりである。

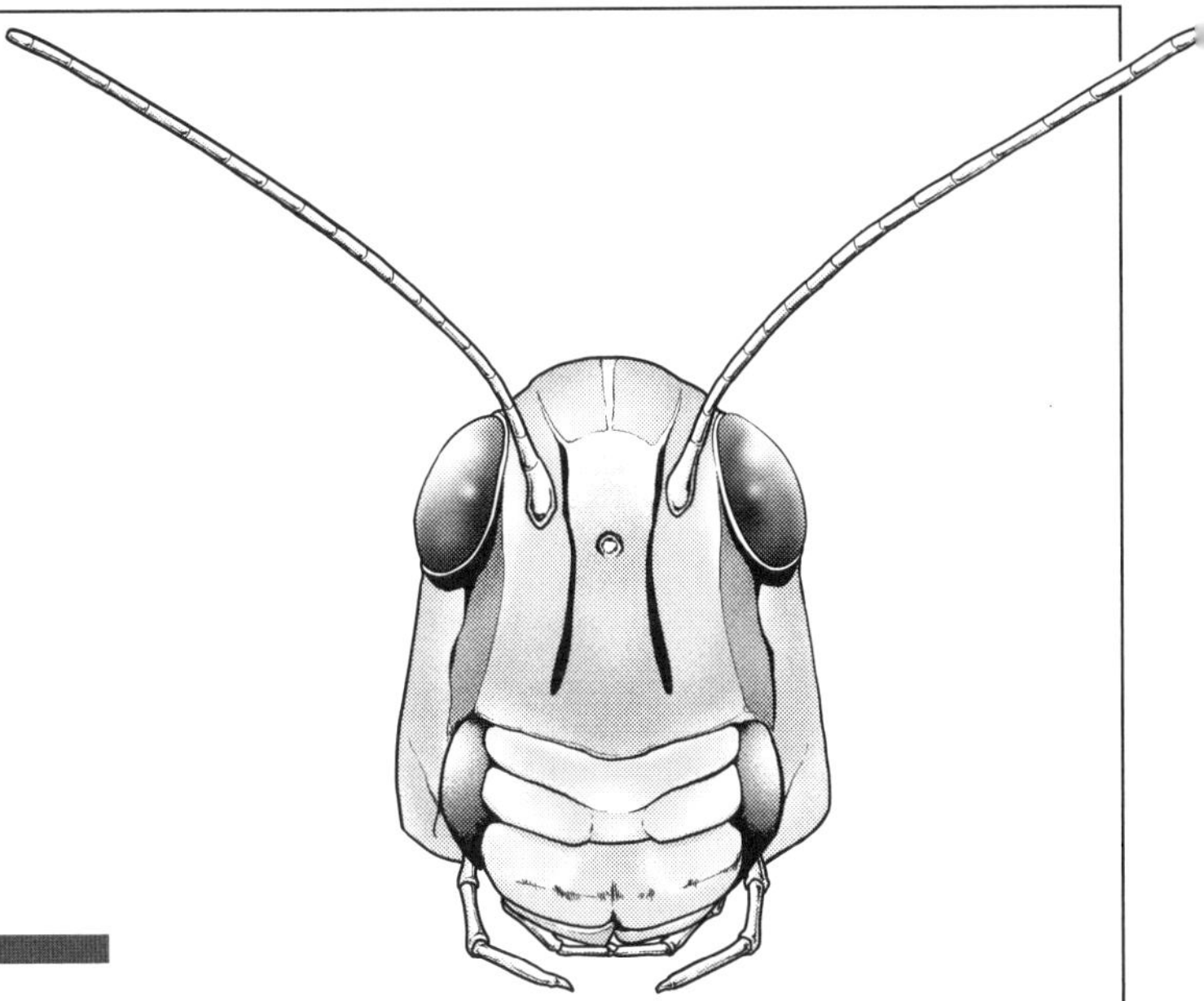

第1章

なぜバッタがモチーフになったのか

仮面ライダー1号、2号

ショッカー＆怪人軍団

仮面ライダーV3

仮面ライダー1号、仮面ライダー2号

仮面ライダー1号こと本郷猛は、城北（のちに城南）大学生化学研究所の頭脳優秀な若き研究者であると同時に、一流のオートレーサーでもあった。その才能から、世界征服をたくらむ悪の秘密結社ショッカーの幹部候補として改造手術を受けることになるが、脳改造寸前に脱出。改造人間としての悲しみを背負いながら、ショッカーと一人戦う決意をする。必殺技はライダーキック。マシンはサイクロン。

ショッカーの別計画を阻止するため、ヨーロッパに渡った1号に代わって登場したのが、仮面ライダー2号である。仮面ライダー2号こと一文字隼人は、仮面ライダー1号を倒すために改造されたが、脳改造寸前に1号ライダーに助けられた。

やがて南米に渡った2号の後を受けて、1号ライダーは新1号として帰国する。風の力で変身する1号ライダーはサイクロンの大ジャンプによって変身のための風圧を作り出していたが、2号ライダーと新1号は、変身ポーズとジャンプの風圧で変身することが可能になった。

「技の1号」と「力の2号」と呼ばれ、タッグを組んだダブルライダーはまさに敵なしの強さである。

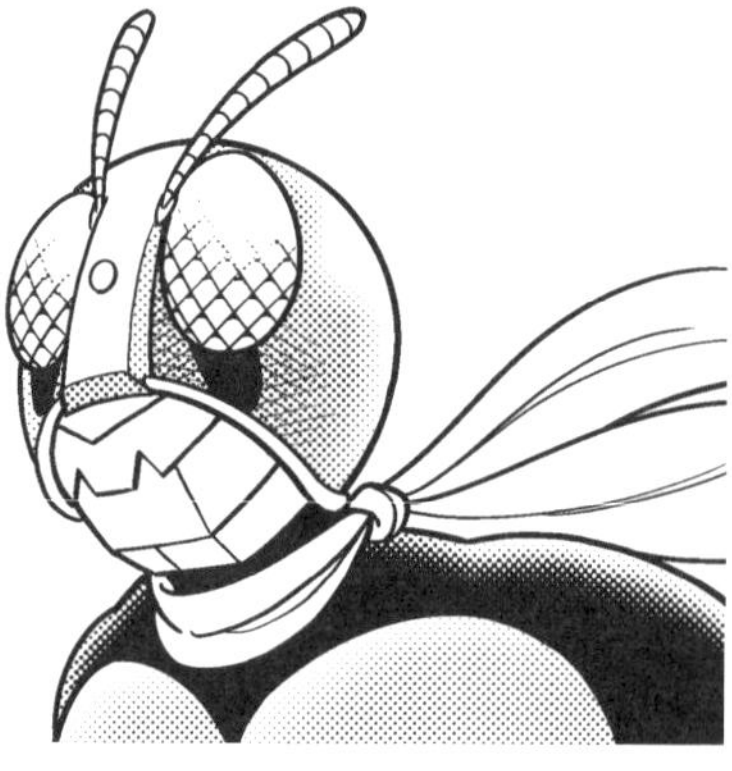

バッタ顔の仮面ライダー

「仮面ライダーはバッタの改造人間なんだよ」

「本当？」

息子は驚いた様子である。幼稚園児の息子にはかっこいいヒーローの仮面ライダーとグロテスクな昆虫のバッタのイメージが容易にはつながらないようである。

「えっ。そうなの？」

思いがけず、妻も反応した。

「何だ。そんなことも知らないのか」

驚くのは私の方だ。こんなこと知ったかぶることでも何でもない。仮面ライダーがバッタであることは、高度成長期に育った男の子ならば誰でも知っている常識である。

息子はともかく、同じ時代を過ごしたはずの妻がこんなことも知らないとは。男と女とでは、これだけバックグラウンドが違うのである。夫婦が理解しあえないのは、当然のことかもしれない。

やれやれ、とばかりに私は息子の本棚から昆虫図鑑を取り出した。そこにはトノサマバッタを正面から見た顔の写真が載っている。それでは、バッタの顔と仮面ライダーの顔を見比べてみることにしよう。

仮面ライダーがバッタである証拠の一つが触角である。仮面ライダーの触角は超触角アンテナと呼ばれていて、四キロ四方の音を聞き分けることができるという。トノサマバッタの触角は四キロ四方とまではいかないが、音を空気の振動として捉えるだけでなく、においや化学物質など様々なものを感じ取る多機能を備えている。非常に優れたセンサーである。

口はどうだろう。バッタは葉を噛《か》み切る鋭い口を持っている。まさか仮面ライダーが、と思うかもしれないが、実は仮面ライダーの口もバッタと同じように噛みつくことができる。仮面ライダーの口はクラッシャーと呼ばれ、敵に噛みつく強力な武器なのである。

「仮面ライダーが噛みつくはずないよ」

息子はまるで信じない様子だ。それはしかたのないことだろう。噛みつくという野蛮な攻撃は教育上よくないとされ、ついにテレビ画面に登場することはなかった。しかし、恐らくテレビカメラのまわっていないところでは、仮面ライダーがパンチやキックばかりでなく、次々にショッカー戦闘員を噛み倒す戦闘が繰り広げられていたはずである。

息子を納得させるためには、いよいよ奥の手を出さなければなるまい。ライダーがバッタである決定的な証拠となるのは目である。

仮面ライダーの大きな目はCアイと呼ばれている。これがバッタでは二つの大きな複眼に

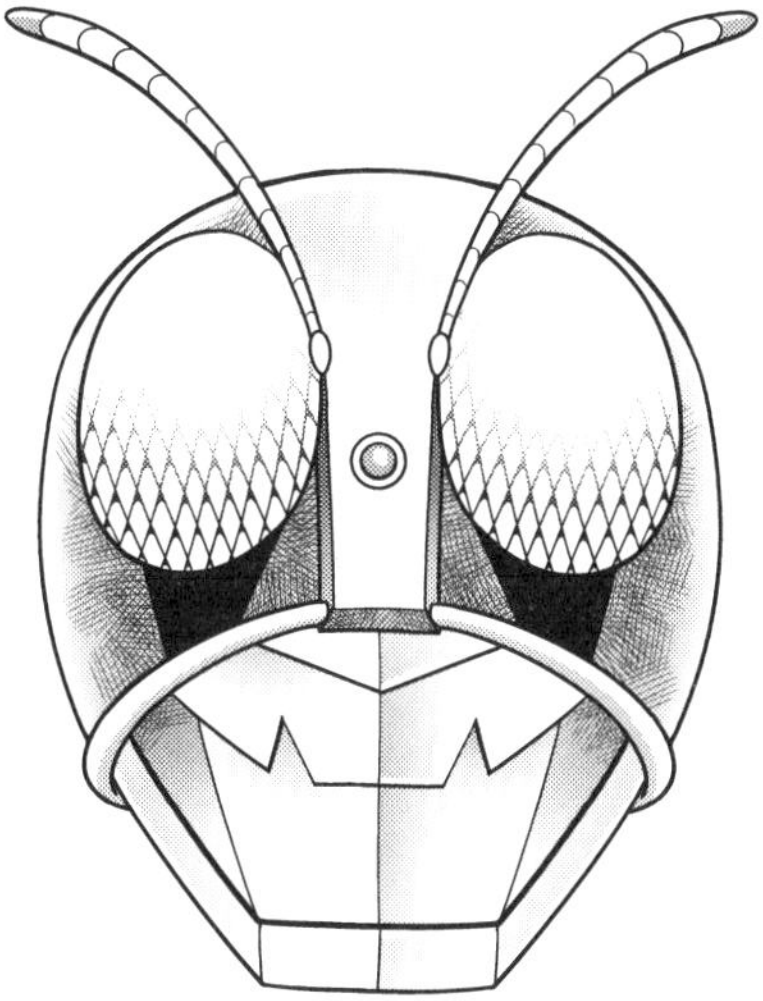

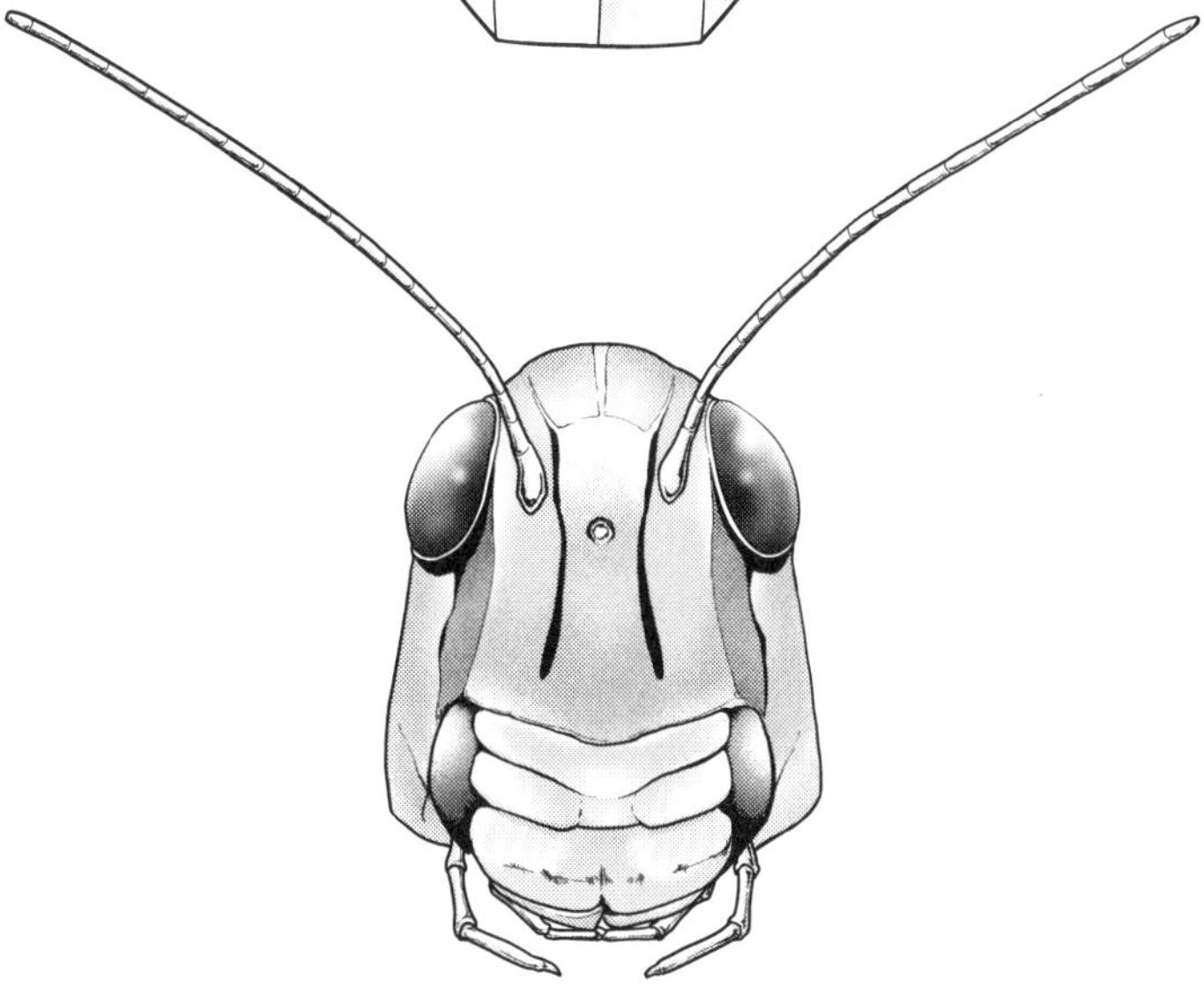

相当する部分だろう。ここまでは特別なことはない。

さらによく見ると、仮面ライダーの目と目の間には小さな突起がある。これはレーダーと危険探知機を備えたOシグナルと呼ばれるものである。ところが、どうだろう。驚くことにトノサマバッタの顔をよく見ると、やはり同じように目と目の間に小さな点があるではないか。

「本当だ。仮面ライダーと同じだ」

息子はようやくその気になったようだ。どうだとばかりに勝ち誇って、私は説明を続けた。この小さな点はトノサマバッタの単眼である。単眼は複眼の機能を補って、明るさを感じたり、平衡感覚を感じる役割をもっている。

バッタの改造人間だけあって、仮面ライダーの顔とバッタの顔とは見た目だけではなく、その機能も似た部分が多い。しかし、こうして比べてみるとトノサマバッタも馬鹿にはできない。その小さな顔は、世紀のヒーロー仮面ライダーに負けず劣らず、高性能な機能にあふれていることに驚かされる。

そして、ちっぽけなトノサマバッタの高い能力に注目したショッカーも、偉大な観察者であると賞賛されるべきなのだろう。

仮面ライダーに見るバッタの能力

「どうして仮面ライダーの必殺技がライダーキックか知ってる?」

私は得意になって、さらに続けた。

「えっ。どうして?」

仮面ライダーの必殺技はご存じ、ライダーキックである。空中高くジャンプし、敵めがけて急降下する。そして、忘れてならないのがライダージャンプ。崖の上から、敵の真っただ中へ、そして、橋の上や港の埠頭《ふとう》へと、「トォーッ」というお決まりのかけ声とともに、空高くジャンプして次々に戦いの舞台を変えていく。

このライダーキックとライダージャンプも、バッタの脚力を生かした改造人間ならではの得意技である。

仮面ライダーのジャンプ力は、立花藤兵衛によって行なわれた測定で垂直跳びで一五・三〇メートル、幅跳びで四八・七〇メートルである。まさに超人的な跳躍力である。

それでは、モチーフとなった本家本元のトノサマバッタは、どの程度のジャンプ力なのだろうか。

トノサマバッタは羽を使えばかなり遠くまで飛ぶこともできるが、羽を使わずに脚力だけでジャンプすると、その距離はわずか一メートルである。思ったよりずっと少ない。どうにも拍子抜けである。

しかし、考えてみよう。トノサマバッタの体長はわずか五センチ程度である。計算してみるとトノサマバッタは体長の二〇倍をジャンプすることになる。一方、仮面ライダーの身長は一八〇センチ。幅跳びは身長の約二七倍である。確かにトノサマバッタより能力は高まってはいるが、ライダージャンプの跳躍力も、バッタの能力を大きく超えているというほどでもない。

運動神経万能の本郷猛が変身したといっても、仮面ライダーもバッタの能力が頼りということか。いや違う。人間は鍛えれば鍛えるほど強くなることができる。これは昆虫にはない能力である。仮面ライダーも完全無欠のヒーローではない。厳しい特訓を重ねて、その能力を高めていったのである。

ライダー参上の謎

ライダーごっこをする子どもたちは必ず高いところに上る。公園ならばジャングルジム、家の中ならば机の上がライダーごっこに不可欠の場所である。

実際に仮面ライダーは、崖の上や建物の上などに忽然《こつぜん》とその勇姿を現す。そして、大きくジャンプし、敵陣の真っただ中に移動するのだ。これは1号、2号ライダーに限らず、歴代ライダーお決まりの登場シーンだ。

わざわざ高い崖に上る理由の一つは、戦況を見きわめることにあるのだろう。高い位置からであれば敵の配置や攻撃の急所がよくわかる。戦国武将もいくさの時には、全体が見渡せる高台に陣を構える方が有利だった。また、高い位置にいれば敵からは攻められにくい。城が山の上にあったり盛り土して高台に作られているのもそのためである。

しかし、ショッカーに人質がつかまって磔《はりつけ》になっているときなど、わざわざ崖に上らずに、すぐにでも助ければよさそうなものだし、敵の大幹部が姿を現して油断しているならば、すぐにでも攻撃を仕掛ければよさそうなものである。

それでもなお、ライダーたちはまず高いところに現れる。それはひとえに彼らが昆虫の能力をもった改造人間だからに他ならない。昆虫は上へ上へといく習性がある。テントウムシ

でもカブトムシでも木の枝に止まらせると必ず上に上ってくる。そして、上り詰めたところで羽を広げて飛び立つのだ。トンボでも地面には止まらずに、高い枝先などに止まりたがる。上るところがあれば、より高いところに上ってしまう。崖があればついつい上ってしまう。上り詰めてはじめて地上に飛び降りる。悲しいかな、これが昆虫の能力を植え付けられたライダーたちの性なのではないだろうか。

なぜ、バッタが悪のエリートなのか

「それにしても、正義のヒーローがバッタっていうのもねぇ」と妻が言う。

確かにバッタが正義の味方というのは、かなり異色である。

仮面ライダーは最初からヒーローだったわけではない。もともとは悪の怪人としてショッカーによって作られたのだ。それも改造人間の素材に選ばれた本郷猛は、IQがずば抜けて高い若き生化学者で、オートレーサーとしてもチャンピオンを目指す一流のスポーツマン。仮面ライダーは世界征服を狙うショッカーが期待を込めて作った改造人間だったのだ。

手術台の上で目覚めた本郷猛にショッカー首領が話しかける言葉には、期待のほどがうかがえる。

「我々が求めている人間は知能指数六〇〇、スポーツ万能の男。君は選ばれた栄光の青年だ」

後に仮面ライダーとなるバッタ型改造人間は、ショッカー期待のエリート怪人だったのだ。それにしても、なぜ、その期待の怪人がバッタだったのだろうか。もっと恐ろしい生き物は他にいくらでもいそうではないか。

バッタは悪者というよりは、子どもたちの身近な遊び相手というイメージが強い。虫かごをバッタでいっぱいにした少年時代をもつ読者の皆さんは不思議に思われるかもしれない。しかし、紛れもなくバッタはショッカーが目をつけるほどの悪の象徴だったのである。

古来、バッタは農作物を食い荒らす害虫として人々を苦しめてきた。しかも仮面ライダーのモチーフとなったトノサマバッタは、中国では「飛蝗《ひこう》」と呼ばれ、恐れられていたのである。

「ある日、南の空に小さな雲が現れた。初めは地平線上に浮かぶ霞のようだったが、やがてそれが空に扇形に広がる。雲か霞かと見えたのは、実はバッタの大群だった。そのうち空は暗くなり、無数のバッタの羽音で大気が震える。これに襲われると、あたり一帯の農作物などすべて食い尽くされてしまう」

中国を舞台にした、パール・バックの小説『大地』では飛蝗の襲撃がこう描写されている。飛蝗は大群となって村に襲いかかり、農作物はおろか草一本残さず食い荒らしてしまうのである。これだけの被害をもたらす昆虫は他に類を見ない。飛蝗が車のタイヤを食いちぎったり、ネズミを食い殺してしまったという記録もある。現代でもこの被害を防ぐ手だてはない。バッタは世界を震え上がらせる大害虫なのだ。

トノサマバッタは、日本でも明治一三～一七年、大正九～一一年に北海道南部で大発生して、農作物を壊滅させたという記録が残っている。トノサマバッタは決して子どもたちの虫遊びの相手だけではない。ショッカーは自然のパワーを人間に付加した改造人間によって世界征服を企てていた。そのショッカーが、期待すべき悪の象徴としてバッタを選んだのは、いわば当然すぎることだったといえよう。

仮面ライダーは風の戦士

「雲のかなたに見えた黒い霞がやがて空に広がる」「大気が震える」「農作物は跡形もなく失われてしまう」

先述の小説『大地』で描写される大量発生したトノサマバッタの群れの襲来は、あたかも嵐の訪れを思わせる。

　聖書の『出エジプト記』にもこんな表現がある。

「……朝になると東風が蝗《いなご》の大群を運んできた。蝗の大群はエジプト全土を襲い、エジプト全域にとどまった。じつにおびただしく、こんな蝗の大群は、前にもなかったし、この後にもないであろう。それらは全地の面をおおったので、地は暗くなった。それらは、地の草木も、雹《ひょう》を免れた木の実も、ことごとく食い尽くした。エジプト全土にわたって、緑色は木にも野の草にも少しも残らなかった」

　ここで、蝗と表現されているのもトノサマバッタである。事実、甚大な被害をもたらす飛蝗の害は、虫害というよりもむしろ気象被害としてとらえられてきた。まさに、トノサマバッタの襲来は嵐なのである。

　仮面ライダーは風の力で変身ベルトの風車を回し、変身を遂げる。悪の象徴であった仮面ライダーが、風の力をエネルギーとするのも、もちろん偶然ではない。変身ベルトの名が台風の英語訳であるタイフーンであり、操るバイクがインド洋に現れる台風と同じ暴風雨のサイクロンであることも、仮面ライダーがトノサマバッタであればこれは「必然」なのである。

嵐とともにやってきた
誰だ！　誰だ！　悪をけちらす　嵐の男
仮面ライダー　正義のマスク

仮面ライダーのエンディング「仮面ライダーのうた」の歌詞は、まさにパール・バックの小説『大地』を思わせる風景ではないだろうか。

脳改造される直前にショッカーを脱出した本郷猛。もし彼が脳改造されショッカーの怪人「飛蝗男」として我々に襲いかかったとしたら。そう想像すると、背筋がぞっとする思いである。

バッタ型改造人間がオートバイに乗る理由

子どもたちにとって「ライダー」という言葉は「仮面ライダー」の代名詞である。

ドライブ中にツーリングするバイクを見つけて、うっかり「ライダー」などといおうものなら大変である。「えっ、どこどこ」と息子はシートベルトが切れんばかりに身を乗り出してくる。

かくいう私もその昔、大型バイクに乗る「ナナハンライダー」という言葉を、ローカルでは放映されていない新しい仮面ライダーのことだと思っていた。

ライダーとはもともとバイク乗りを意味する言葉だから、その名のとおり仮面ライダーとバイクとは切り離せない。しかし、なぜバッタの改造人間がオートバイに乗るライダーなのだろうか。確かに本郷猛がレーサーとしての実力者だったことからオートバイを操ることは不自然ではない。しかし、ショッカーは後に裏切り者の仮面ライダーとなるバッタ型改造人間に、すでにサイクロンなるオートバイを準備していた。

このことから推察すると、ライダーとなるべきバッタ型改造人間として、オートバイ操作の才能ある本郷猛を選んだと考える方が正しいだろう。後に組織されたバイクを操る戦闘集団、ショッカーオートバイ部隊を指揮する役目をも期待されていたのかもしれない。

しかし、なぜバッタがオートバイのライダーなのだろうか。あたかも風のように飛ぶバッタが、風を切るバイクを連想させるからなのだろうか。

実はバッタとオートバイには少なからず関わりがある。関東地方にはトノサマバッタのことをオートと呼ぶ方言があるのだ。オートとは、もちろんオートバイのことである。トノサマバッタの横顔は何となくオートバイに似ている。そのためオートと呼ばれているのである。

つまり、ショッカーがバッタ型改造人間からオートバイのライダーを連想することは、ごく自然なことなのだ。もしかするとショッカー研究者の多くを関東出身者が占めていたからなのかもしれない。

ところで無視できない重要な事実がある。仮面ライダーブラックのマシン、バトルホッパーはバッタの形をしたゴルゴムの世紀王の乗り物であるといわれている。それなのに、現代文明が生み出したオートバイは、このバトルホッパーにあまりにも酷似しているのだ。

バトルホッパーは決してオートバイではない。また、意思を持ち、言葉も解することからわかるように、オートバイをバッタ型に改造したものではなく、あくまでもバッタを改造した乗り物であると考えられる。バトルホッパーがオートバイに似ているのは単なる偶然なのか。

バトルホッパーは五万年に一度の新しい世紀王のために用意されていたものである。五万年前から完成していたかどうかは不明だが、かなり古い時代に開発されていた可能性が高い。少なくともオートバイよりはずっと先に開発されていたと見るべきだろう。

オートバイが発明されたのは一九世紀後半。一〇〇年余り前のことである。五万年に一度誕生する世紀王の専用車の開発がわずか一〇〇年前から行なわれることなどあるだろうか。五万年のうちの一〇〇年は、例えば任期四年のアメリカ大統領に置き換えるとわずか三日に相

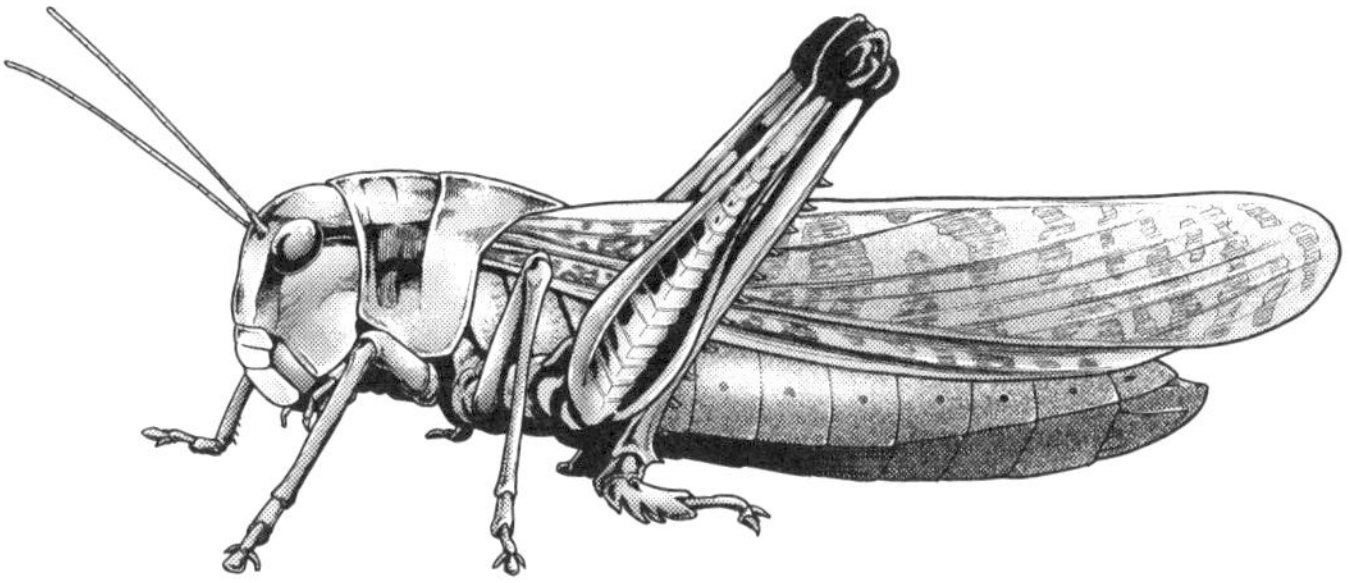

当する。次期大統領のための新しい専用車を三日前から開発を始めるということはありえない。そうなると、バトルホッパーはオートバイの発明よりも先に開発されていた可能性が高いのである。

オートと呼ばれるくらいバッタの形によく似た現代のオートバイ。もしかするとオートバイは、バトルホッパーにヒントを得て発明されたのではないだろうか。

仮面ライダー2号はなぜ赤くなったのか

「2号ライダーはなぜ赤くなったの?」

仕事から帰宅するなり、玄関先に出迎えに来た息子にいきなり質問されて、返答に困った。

仮面ライダー2号が初めて登場した時、その姿は旧1号ライダーと同じく緑色のブーツと手袋であった。ところが南米に渡り、再び日本に戻ってきた時の2号ライダーは、鮮やかな赤い手袋とブーツをしているのだ。

銀の手袋の新1号ライダーと赤い手袋の2号ライダーの共演は、昔も今も子どもたちの胸を躍らせる。しかし、なぜ2号ライダーが赤くなったのかについては、番組内では何の説明もなかった。なぜ2号ライダーは赤くなったのだろう。

バッタは同じ種類でも緑色のものと褐色のものとある。これは生まれつきそうなっているという説と、幼虫の時の周辺環境によって脱皮の時に変化するという説とがあって、はっきりしない。

赤とは言わないが、トノサマバッタにはピンク色の個体がごくまれに存在する。また、バッタの仲間ではクビキリギスには赤い個体が存在する。この原因は明らかでないが、恐らくは遺伝的なものであると考えられている。

しかし、環境条件によって変わる例もある。ガの幼虫では、ごく稀に食べる餌《えさ》によって色が変わることがある。赤い葉を食べると体が赤くなるのだ。赤くなるのは葉の中に含まれるアントシアンなどの色素を体内に取り込み発現させるからだという。これは非常に合理的である。緑色の青虫が赤い葉の上にいたら、目立ってすぐに鳥に見つかってしまう。しかし、赤い葉を食べて体内に色素を取り込み赤くなれば、葉と同じ色になって目立たない。食べるものと同じ色になるというのは、極めて有効だ。

ひょっとすると、バッタの色も環境の変化というよりも、食べている草の種類によって色が変わるのかもしれない。となると、仮面ライダー2号も食べ物によって体色が変化したとは考えられないだろうか。

仮面ライダー2号、一文字隼人はショッカーの野望を打ち砕くために南米に渡った。そして、赤くなって日本に帰ってきたのである。バッタの改造人間といっても、一文字隼人は草を食べているわけではない。普通の人間と同じ食事をしていたはずだ。南米といえば、タコスに代表されるようにチリソースを多く使う。そう、チリソースの原料はトウガラシなのだ。トウガラシの赤い色素は主にカプサンチン類だ。これは辛さの成分としてよく知られているカプサイシンとは別物で、トウガラシ色素といわれて着色料としても用いられている。

南米でチリソースをふんだんに使った料理を食べた一文字隼人は、トウガラシ色素を体内に取り込んだ。そして、その色素が手袋とブーツを鮮やかな赤色で染め上げたのではないだろうか。

その結果、偶然とはいえ、1号ライダーと2号ライダーとを簡単に判別することが可能になった。そして、1号と2号のWライダーは子どもたちの人気を大いに集めることになったのである。

ライダーブームの火付け役は、本当はトウガラシだったのかもしれないのだ。

ショッカー&怪人軍団

ショッカーは、世界征服を企む悪の秘密結社である。動植物の細胞を人間に移植して動植物の能力を加えた改造人間をつくり、改造人間による世界支配をもくろむ。

その高い技術力で仮面ライダーを作り上げたが裏切られ、世界征服の野望を邪魔される羽目に。世界征服とライダー抹殺のために、次々と改造人間を送り込んだ。仮面ライダー手強しと見るや、中近東支部から元ナチ党員と噂されるゾル大佐、スイス支部から高い改造技術を誇る死神博士、東南アジア支部から冷血な地獄大使の三人の大幹部を次々に招へいしたが、いずれも仮面ライダーの前に敗れ去ってしまう。実体は見せずに、声のみでショッカー幹部に命令を下すショッカー首領の正体は不明。

やがて、ショッカーを見放したショッカー首領は謎の教団ゲルダム団と結託し、新たな悪の組織・ゲルショッカーを結成。二種類の動植物を結合させてさらに強力な怪人を作り出し、仮面ライダーに戦いを挑んでいった。

福を呼ぶ蝙蝠男

私の妻はコウモリが嫌いである。何でも昔、自分の勉強部屋にコウモリが飛び回っているのを目の当たりにした経験があるらしい。

コウモリが部屋の中を飛ぶなんて、と思う方もいるかもしれない。しかし、あまり知られていないが、現代でも私たちの身近にいるアブラコウモリは人家をすみかとしている。おしゃれな外見のモダン住宅の隙間《すきま》をコウモリが出入りしているのを、私は何度も目撃している。

「昔はコウモリが家の中を飛ぶのは吉兆の知らせと言われて、喜んだんだぞ」

私が言っても妻はまったく聞く耳を持たない。好き嫌いというのは理屈ではないのだ。

吸血鬼ドラキュラの影響からか、現代ではどちらかというとイメージの悪いコウモリだが、蝙蝠《こうもり》の「蝠」の字は「福」につながると言われて、昔はとても尊ばれた。

コウモリ嫌いの妻の実家は広島県福山市にあるが、何を隠そう福山の地名は「蝙蝠山」に由来している。さらにはコウモリがデザインされた市章は、平成ライダー「仮面ライダー龍騎」に登場するコウモリをモチーフとした仮面ライダーナイトのマークに似ているのだ。

我が家では、コウモリが家の中を飛んだことはないが、時々子どもの手のひらくらいある大きなクモが現れて大騒ぎになる。妻も子どもも逃げ惑うばかりで、この時ばかりはいつも邪魔者扱いの私が頼りにされる。

「これはアシタカグモと言って、ゴキブリを食べてくれるいい虫なんだぞ」

そう言ってクモを外に追い出しながら、私はある事実に気がついた。

仮面ライダーが最初に戦ったのは、蜘蛛《くも》男と蝙蝠男だった。ショッカー以降でも、歴代の仮面ライダーと戦った悪の組織では、怪人のモチーフとして必ずといっていいほどクモとコウモリが用いられている。それも、ショッカーと同じように第1話、第2話という早い段階で仮面ライダーに戦いを挑んでいるのである。仮面ライダーアマゾンでは第1話でクモ獣人、第2話に獣人吸血コウモリが登場する。スカイライダーでも第2話にクモンジン、第3話コウモルジンが、仮面ライダーブラックでも第1話にクモ怪人、第2話にコウモリ怪人が登場する。

つまり、悪の組織にとってクモとコウモリは特別の存在なのだ。なぜか。この理由は明らかである。実はクモとコウモリは、虫退治のスペシャリストとして古来から、人々に期待されていた生物なのである。

クモが昆虫を餌にしていることには、説明はいらないだろう。農作物を食い荒らす害虫を食べてくれるので、クモは昔からとても大切にされてきた。古代人の作った土器にはクモの模様が神々しく描かれているものさえあるという。

改造人間にするために本郷猛を捕らえる役目を果たし、裏切った仮面ライダーを始末する任務を負った最初の怪人となったのが蜘蛛男である。強い力を持つバッタの息の根を止めることができる生き物といえば、やはりクモをおいて他にない。クモは、獲物が巣にかかると糸でぐるぐる巻きにしてから、ゆっくりと餌にしてしまう。さすがのバッタもクモにはかなわないだろう。しかし、予期に反して蜘蛛男は仮面ライダーの前に敗れ去ってしまう。

そして、仮面ライダーにやられた蜘蛛男の復讐をすべく蝙蝠男が登場したのである。コウモリは、夕方になると田んぼの上を飛びまわって昆虫を食べる。コウモリもまた田んぼの害虫を食べる益獣なのである。

すでに紹介したように、仮面ライダーのモチーフとなったバッタは、人間にとっての害虫、すなわち悪の象徴だった。ということは、その仮面ライダーに対抗する怪人のモチーフとなった生き物は、逆に人間の味方なのである。気味の悪い印象を持たれるクモとコウモリも、実は人間にとっては益のある代表的な生き物なのだ。

蜘蛛男や蝙蝠男はこつぜんと部屋の中に現れて、人々を恐怖に陥《おとしい》れた。しかし、本来は「福が来た」と喜ぶべき存在だったのである。

蜘蛛男と蝙蝠男

バッタ退治の刺客

仮面ライダーのモチーフであるバッタは大害虫であり、ライダーの敵であるクモやコウモリは、本来は人間の味方であった。それでは他の怪人たちはどうだろうか。

仮面ライダー1号はショッカーの別計画を追ってヨーロッパへ旅だち、代わって2号ライダーが登場して一つの区切りを迎える。ここまでの間、1号ライダーが戦った怪人を見てみよう。

「蜘蛛男、蝙蝠男、さそり男、サラセニアン、かまきり男、死神カメレオン、蜂女、コブラ男、ゲバコンドル、ヤモゲラス、トカゲロン」

用いられている生き物は、「クモ、コウモリ、サソリ、サラセニア、カマキリ、カメレオン、ハチ、コブラ、コンドル、ヤモリ、トカゲ」である。怪人として用いられたこれらの生き物には共通点がある。コブラとコンドルを除くとすべて昆虫を餌とする生き物なのだ。

サラセニアは植物だが昆虫を捕らえて栄養分を得る食虫植物である。また、コブラやコンドルは直接昆虫を餌とはしないが、バッタを餌にする鳥やトカゲなどの生き物を食べる。生態学では食物連鎖の中で、より上位に位置する高次消費者と呼ばれる生き物である。植物食のバッタである仮面ライダーを倒すために、昆虫を捕らえて餌とする肉食の生き物が刺客として選ばれているのである。

しかし、1号が去った後に現れたのは、サボテンの怪人サボテグロンだった。確かにとげがあるのでバッタに食べられることはないだろうが、サボテンではバッタを襲うことはできない。

ショッカー一一人目の怪人トカゲロンは、それまでライダーに倒された怪人をよみがえらせて、一丸となってライダーと戦ったが、ついにはライダーの前に敗れ去ってしまう。実はこの時こそ、ショッカーにとってはバッタの天敵を使い果たしてしまったターニングポイントだったのである。そして、天敵のいなくなった仮面ライダーを益々勢いづかせ、後に不敗神話を作らせてしまうことになったのだ。

ショッカーの作戦変更

一一人目の怪人トカゲロンで、バッタの天敵を使い切ってしまったかに見えるショッカーの次の作戦は、私にはじつに興味深いものであった。

トカゲロンの次に登場したのはサボテンの怪人、サボテグロンである。

何と、バッタのエサとなる植物がモチーフなのだ。

もっとも、サボテンは鋭いトゲで体を覆い、食べられることから身を守っている。

つまり、バッタを襲う生き物ではなく、「バッタに食べられない生き物」という、まったく方向転換の発想でショッカーは怪人を創り出した。おそらくは、仮面ライダーに邪魔をされないことを重視したのだろう。

ただし、ここにショッカーの研究者たちの、盲点があった。

サボテンのトゲは、主に草食動物から身を守るためのものである。

サボテンは、バッタにとっては魅力的なエサではないかもしれないが、じつは、バッタはサボテンを食べることができる。サボテンのトゲも、バッタの前ではまったく役には立たないのだ。

そして、その自然の理のとおりに、サボテグロンはバッタの改造人間である仮面ライダーの前に敗れ去ってしまうのだ。

注目すべきことに、ショッカーには、もう一つの大きな転換があった。

サボテグロンは、ショッカーメキシコ支部の幹部であった。しかし、仮面ライダーに苦戦する日本侵略のために日本にやってきたのだ。

つまりは、仮面ライダーを排除するために招へいされた外来種なのである。

有害な生物を排除するために、外来の有用な生物を導入する例は他にも見られる。たとえば、ベダリアテントウというテントウムシは、農業害虫イセリアカイガラムシの天敵としてオーストラリアから導入された。そして、見事にイセリアカイガラムシを制圧したのである。

しかし、このような外来種の導入が、常に成功するとは限らない。中でも沖縄本島や周辺の島々に導入されたマングースは、失敗例として知られている。

沖縄では、毒蛇のハブが問題となる。そこで、ハブの天敵としてマングースが導入されたのだ。

インドへ行ったある大学教授は、そこでコブラとマングースが戦うショーを目の当たりにした。そしてコブラを打ち破ったマングースの勇姿に感激した教授は、マングースを沖縄に持ち込むことを思いつくのである。

しかし、事は想定したようには進まなかった。

じつはハブは夜行性である。一方、マングースは昼間に行動する動物である。そのため、マングースとハブが出会うことは稀なのだ。しかも、マングースにしてみれば、命を賭けてハブと戦う必要はない。そのため、沖縄本島のヤンバルクイナや奄美大島のアマミノクロウサギなど、狩りをしやすい貴重な生き物を襲うようになったのである。

現在では、不用意な外来種の導入は、生態系を破壊することから望ましくないとされている。ショッカーはサボテグロンの失敗の次に、ピラザウルスという南米出身の怪人を日本に導入した。

幸いにしてサボテグロンやピラザウルスなどの外来の怪人は、仮面ライダーに駆逐されたが、海外から連れてくれば良いというショッカー研究陣の発想は、あまりに安易と言わざるを得ないだろう。

ライダーキック敗れたり

妻がクモとコウモリが苦手なことはすでに述べた。それなら私はというと、実は毛虫が大の苦手である。ヘビやクモなどはまったくへっちゃらなのだが、大きな毛虫を見たときだけは、恥ずかしながら鳥肌が立ち、すっかり足がすくんでしまう。

ほとんどの生き物は人間の気配を感じると逃げていくものだが、毛虫だけはまったく逃げようとしない。そればかりか平然と道路を横断していることさえある。そのせいで、時には気がつかずに踏みつけてしまう。そのペチャリとした感触を思い出すだけで、身震いがする。

森を歩いていると木の上から肩にポトリと落ちてくることもある。しかも、毛虫は逃げるどころか大胆不敵にも首筋に向かって上ってくるのだ。まったく想像するだけでおぞましい。この彼らの考えのない行動が、私を恐怖に陥れるのだ。

世界征服を狙うショッカーも、当然この毛虫に目をつけた。そして作られた怪人がドクガンダーである。

昆虫のモチーフが多いショッカー怪人の中でも、ドクガンダーは幼虫、成虫という二つの生育ステージで仮面ライダーに挑んだ異色の怪人である。

もっとも、幼虫が怪人になったものには他に地獄サンダーがある。地獄サンダーはウスバカゲロウの幼虫、アリジゴクがモチーフである。アリジゴクは地面にすり鉢状の罠を作り、そこに落ちたアリなどの虫を食べてしまう。その名のとおり、地獄の底に引きずり込んで食べてしまうのである。

しかし、地獄サンダーは成虫にはならなかった。残酷な幼虫に対して、成虫のウスバカゲロウははかない命の代名詞にもされるほど、わずかな期間しか生きられない。それもはかない命を静かに灯しながら、餌を取ることもなく水を舐《な》めて過ごしている。これではとても戦うどころではない。

その点、ドクガンダーのモチーフと推察されるドクガは幼虫、成虫ともに高い攻撃能力を持っている。

ドクガの幼虫は身を守るために毒針毛を持っている。しかも、この毒針毛は繭《まゆ》を作るときに繭の表面に付着する。こうして繭も毒針毛によって守られるのである。そして、繭から成虫が出るときに、毒針毛は成虫の体に付着し、成虫が舞うときに毒針毛が鱗粉とともに撒き散らされるのである。この毒針毛が皮膚に刺さると赤く腫れ上がり、激しいかゆみに襲われてしまうのだ。

「ショッカー怪人の中で一番強いのは何か?」

あるとき、息子とこんな話題で盛り上がったことがある。私は当然のようにドクガンダーの名を挙げた。何しろ毛虫は私にとっては最強の生き物なのだ。といっても、もちろんそんな個人的な理由からだけではない。

怪人を倒す仮面ライダーの必殺技がライダーキックである。これまで幾多の怪人がこのライダーキックの前に敗れ去っていったことだろう。しかし、ドクガンダー幼虫はライダーキックによっても倒されなかったのである。

ライダーキックを放たれたドクガンダー幼虫は、繭になってその場を逃れた。そして成虫となって再びライダーに戦いを挑んだのである。

なぜ、ドクガンダーは数々の怪人を一撃で倒したライダーキックに耐えることができたの

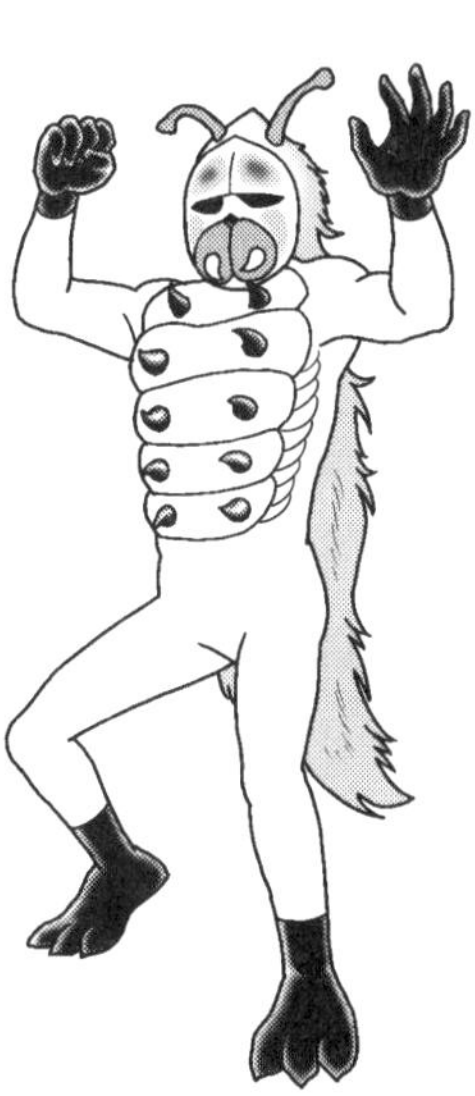

か。この秘密はドクガンダーがまさに繭を作る寸前だったことにある。実はさなぎになる直前の幼虫は非常に強い耐久力を持つことが知られているのだ。

ドクガと同じように刺されると痛い毛虫にイラガがいる。刺されると感電したように感じられることから電気虫とも呼ばれているくらいだ。このイラガはさなぎになる前の前蛹《ぜんよう》という段階で、驚くべき耐久力を発揮する。零下の気温でも凍ることなく耐えることができる。マイナス一三八度の液体窒素中で七〇日間生きていたというから、すさまじい耐久力である。

ドクガンダーもライダーキックを受けた後、繭の中でさなぎになった。つまり前蛹体だったのである。そして、その強い耐久力で必殺技のライダーキックにも耐え抜いたのではないだろうか。

死神博士の研究センス

ショッカー怪人を語るとき、忘れてはいけないのが、「怪人作りの名人」と謳われた死神博士だろう。

死神博士は、ゾル大佐に続く、ショッカー二番目の大幹部である。

もともとはスイス支部にいたが、ヨーロッパに渡った仮面ライダー1号と死闘を繰り広げ、その後、博士自身は南米に渡るが、追ってきた仮面ライダー2号と戦うことになる。死神博士は世界を舞台に仮面ライダーと戦ってきたのである。

ショッカーの改造人間は、現在の科学技術よりも、はるかに高度な技術で作られている。その中でも「怪人作りの名人」と言われた死神博士の腕前は、どのようなものだったのだろう。

私は、死神博士のすごさは二つあると思う。

一つは、素材を集める能力の高さである。

たとえば、植物の新しい品種や、家畜の品種改良を行なうときに基本となるのが、どれだけ優れた素材を持っているかである。良い素材がなければ、良い品種は作れない。そのため、世界の研究機関は「遺伝資源」と称して、さまざまな品種を集めたり、密林に植物を収集に出掛けたりしているのだ。

ところが、死神博士が作った怪人はどうだろう。

何しろ、スイスから連れてきたスノーマンのモチーフは、ヒマラヤの雪男である。

雪男はUMA（未確認生物）とされていて、世界の研究者たちが何度も探査に繰り出しているのに、未だに存在するかどうかさえわからない未知の生物である。

その雪男を発見したにとどまらず、惜しげもなく怪人の素材として利用しているのである。

雪男を発見した時点で、世界に発表することもできただろうに、怪人を作っていることからは、死神博士はいかに実用性を重視した研究姿勢であるかがわかるだろう。

さらに驚くべきは、ユニコルノスである。

あろうことか、ユニコルノスは伝説の一角獣ユニコーンがモチーフである。世界の人の多くは、ユニコーンは未だ伝説の生き物だと信じているが、死神博士はすでにユニコーンを怪人の素材として利用しているのだ。

しかも、その大発見を自慢するでもなく、当たり前のように怪人に作り上げる。

「名人」とは、単なる技術だけではない。この社会実装の姿勢こそが「名人」と言われる所以《ゆえん》なのだ。

生き物へのまなざし

もう一つの死神博士のすごいところは、モチーフとなる生物の選び方である。

たとえば、ナメクジラはナメクジの改造人間である。

他にもヒルの怪人ヒルゲリラや、イソギンチャクの怪人イソギンチャックがいる。

さらにカビビンガにいたっては、あろうことかカビの改造人間である。

ナメクジもヒルもイソギンチャクもカビもけっして強そうな生き物でもない。怖そうな生き物でもない。バッタの天敵でもない。私たち平凡な人間から見れば、何でもないようなありふれた生き物ばかりが選ばれているのだ。

しかし、である。

これらの生き物が、人間と同じ大きさだったとしたらどうだろう。

わずかなすき間から知らぬ間に入ってくるナメクジ。人間と同じ大きさの巨大なナメクジの怪人がどこからか家の中に侵入してくると考えると、言い知れぬ恐怖である。

ヒルもイソギンチャクもそうだ。巨大なヒルが人間の血を吸い、巨大なイソギンチャクが人間を丸呑みする。あるいは、巨大化したカビが人間を襲う。

何でもないような生き物が、考えてみるとじつは怖い。死神博士は、そんな何でもない生き物の強さや恐ろしさを知り尽くしているのだ。

それでは、昆虫はどうだろう。

残念ながら死神博士が作り上げた改造人間には、昆虫をモチーフとしたものは少ない。

唯一、登場するのがハエ男である。

じつはハエの仲間のショウジョウバエは、生命現象を解明するための研究に用いられるもっとも代表的なモデル生物である。そのため、生命科学の分野では、ショウジョウバエが徹底的に研究されている。おそらくは、死神博士にとってもハエは、もっともなじみのある昆虫だったのだろう。

しかし、数ある昆虫の中で、唯一ハエだけを用いたということは、もしかすると死神博士は、昆虫にはあまりくわしくなかったのかもしれない。

ショッカーの末路

すでに紹介した蜘蛛男や蝙蝠男のように、仮面ライダーの初期の作品に登場する怪人は、どれも怪奇性にあふれている。目を不気味にぎょろりと動かす様子は大人が見ても恐ろしい。息子も恐怖に耐えながら、必死で見ているようだ。

ところが、である。シリーズ後半になってくると怪人がだんだんと弱そうになっていってしまうのである。

ショッカー末期に怪人として用いられている生物を見てみよう。

コオロギ、ホタル、アブ、蚊、シオマネキ、シラミ、バラ、タツノオトシゴ、イモリ、ウニ。確かに、どれもあまり強そうではない生き物ばかりである。ホタルやバラやウニが身震いするほど嫌いという人は、ほとんどいないだろう。

しかも、昆虫の能力を付加したギラーコオロギ、エレキボタル、アブゴメスなどは、どう見ても改造人間というよりも、子ども向きの教育番組に出てきそうな着ぐるみにしか見えない。同じショッカー怪人でも、初期の蜘蛛男や蝙蝠男、サソリ男などとはずいぶんと雰囲気が違う。

「最初の頃の怪人は怖すぎたから、子どもにはこれくらいでちょうどいいんじゃないの」と妻が言う。そんなことを言うな。仮面ライダーとの敗戦の連続でショッカーが落ちぶれたとはいえ、世界征服を狙う悪の結社ショッカーの怪人が単なる着ぐるみであるはずがない。子どもに迎合した幼稚なデザインにするはずもない。きっとショッカーなりの戦略があってのことなのだ。

ものの本によれば、死神博士ことイカデビルが敗れたために、改造人間を作る技術が落ち

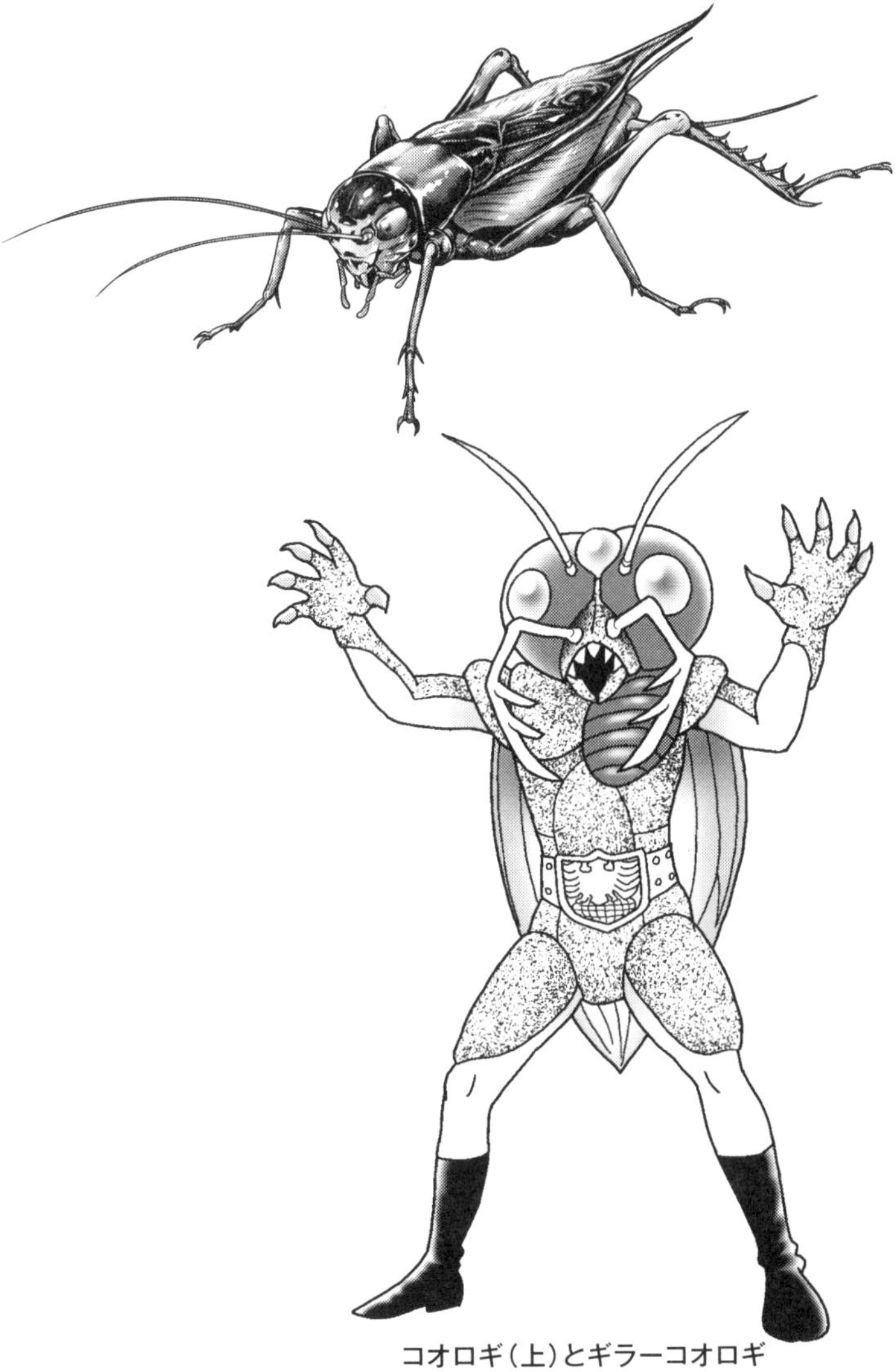

コオロギ(上)とギラーコオロギ

たのだと言う。しかし、考えてみてほしい。怪人の質は本当に低下してしまったのだろうか。

着ぐるみにさえ見える人間離れした容姿。見方を変えれば、これはむしろ改造人間の開発技術が進んでいるとは考えられないだろうか。ショッカーの改造人間は、人間に動物の能力を付加することが基本である。蜘蛛男や蝙蝠男、蜂女など初期の怪人は人間的な容姿をしている。一方、後期の怪人は人間の要素が少なくなり、より動物に近い容姿をしている。これは、より動物の能力の比重を高めた動物型の改造人間を作ることができるようになった、ということなのではないだろうか。

在りし日のショッカー研究室

弱そうに見える後期のショッカー怪人は試行錯誤の段階にあった。そう仮定すると、あまり強そうでない生物を用いていることも納得できる。実は、ショッカー末期に用いられた生き物は、実験動物として一般的に用いられているものなのだ。より動物の能力を付加する新技術。しかし、まだこの技術は開発段階の初期にあった。そのため、どうしても実験動物の能力を付加する基礎的な段階にならざるをえなかったのではないだろうか。

劣化したといわれたショッカー後期に登場した昆虫であるホタル、アブ、蚊、コオロギ、シラミを見てみよう。

ホタルの特異的な発光物質は、様々な研究材料として用いられている。例えば、ホタルの発光メカニズムをヒントに、食品の汚染を発見する方法も開発されている。

アブと同じ双翅目《そうしもく》では、ショウジョウバエは代表的な実験昆虫であり、さまざまな実験に用いられている。世代更新が早いため突然変異の遺伝の実験などに用いられていることは教科書でもおなじみだろう。体内時計をつかさどる時計遺伝子が最初に発見されたのもショウジョウバエだった。

蚊はどうだろう。やや種類が異なるが、蚊によく似たユスリカの唾液腺の染色体が生物の教科書に出ている。染色体の分裂の様子が観察しやすいのである。もちろん、蚊は衛生害虫としても重要なので殺虫剤メーカーでは実験用に大量に飼育していることだろう。

コオロギは仲間同士の音を使ったコミュニケーションを明らかにする行動生態学の実験材料としてよく用いられている。さらに飼育が簡単なので爬虫類などの餌としても人工的に飼育されている。

シラミは何億年も前の姿をとどめた原始的な昆虫であり、生物の進化を探る上では重要な研究材料である。しかも、人の血を吸うヒトジラミは日本では絶滅しているので、研究材料は実験室で飼育するより他ないのが現状だ。

どれもこれも実験室で飼育され、頻繁に実験に用いられる昆虫ばかりである。より生物の能力を高めるために……。この新しい段階の改造人間として、実験昆虫をモチーフとした改造人間が登場したのである。決して改造技術の劣化でも、モチーフのネタ切れでもないのだ。アブについては、死神博士が作り上げたハエ男をベースにして、同じ双翅目で最も強そうなアブに応用したというところだろうか。

ちなみに昆虫以外のものについても、使われているモチーフは実験生物ばかりだ。

ウニは受精卵の発達を観察する最も適した実験材料として用いられている。教科書でウニの卵の分割が載っていたのを思い出す人も多いだろう。イモリもウニと同じように受精卵の発達の実験によく用いられている。発達段階の卵を人工的に分割すると、どちらも正常な個体になるという現在のクローン技術につながる発見は、イモリを使った実験によるものだった。シオマネキやタツノオトシゴはユニークな行動を行なうため、行動生態学の分野では重要な調査対象となっている。バラは世界で広く栽培されている重要な花卉《かき》であり、広く研究材料として使われている。また、「青いバラ」を作ることはバイオテクノロジーの大きな目標とされていて、様々な手法を用いて今日も「青いバラ」づくりが研究されている。

つまり、強そうでないと批判されるショッカー末期の怪人たちは実験生物をモチーフとした実用化試験の段階にあったのである。確かに指摘されるように死神博士がいなくなったことが、怪人の姿を大きく変化させたことは間違いないだろう。しかし、それは決して改造技術の低下ではない。死神博士なき後を継ぐ新進気鋭の研究者たちが、新たな可能性を求めた試行錯誤の段階にあったと見るべきではないだろうか。

もしもショッカーが滅んでいなかったとしたら、この技術の進歩によってさらに強大な怪人が作り出されたかもしれないのである。

ショッカー顔負けの昆虫たち

人々を誘拐し、本人の意思を奪って改造人間として命令に従わせる。ショッカーの行為は非情で残酷だ。しかし、昆虫の世界にはショッカーも顔負けの行為を平気でしているものがいる。

SF映画などでクローンで増殖したクローン兵が登場するが、昆虫界にはそのクローン兵さえも実在する。アブラムシは単為生殖という方法によってクローン増殖するが、あるアブラムシはその時に二種類の幼虫を生む。そのうちの一種類が何と戦闘専用のコンバットなのである。コンバットは皮膚を貫く鋭い口針を持ち、毒成分を注入して敵を襲う。この幼虫は戦闘用なので、成長することなく幼虫のまま死んでしまう。戦うために生まれ、戦うことに生き、戦いとともに死んでいく宿命を背負っているのである。親のアブラムシは、このクローン兵に守られながらぬくぬくと生きている。同じ遺伝子を持つクローンでありながら、どのようにして戦闘専用のコンバットを生み分けているのかはいまだ謎とされている。

イモムシの体に卵を産みつける寄生バチも恐ろしい昆虫だ。コマユバチという寄生バチは、何とウイルス兵器を使ってイモムシの体を占拠し、コントロールすることを考え出したのだ。イモムシの体内に産みつけられた卵は、イモムシにとっては異物なので、通常であれば免疫細胞が卵を殺そうと試みる。しかし、コマユバチの雌は産卵の際にポリドナウイルスというウイルスを同時にイモムシの体内に注入するのである。このウイルスがイモムシの免疫機構を破壊してしまうので、ハチの卵はイモムシの体の中でぬくぬくと育つことができるのである。

やがて卵からかえったハチの幼虫は、イモムシの体内部から食いあさっていく。もちろん、イモムシが死んでしまうと新鮮な食料を食べることができないから、急所は食べずに残しておくのである。獲物を殺さぬように生かしながら食べ尽くす周到さである。

しかし、問題もある。殺さずに生かしておくと、イモムシはやがて蛹《さなぎ》になってしまう。そこで、再びあのポリドナウイルスが活躍する。イモムシはある酵素の働きで蛹になるのだが、このウイルスがその酵素の働きを抑えてしまうのである。こうしてイモムシはいつまでも蛹

ブゥ〜ン
プスッ
ヘ〜ッ!!

になることなく、コマユバチの幼虫が十分に成長するまで、食われつづけるのである。

虫けらとはいえ、いずれもショッカー顔負けの残酷で悪賢い作戦である。ショッカー怪人のモチーフは昆虫が多い。他愛もないモチーフに思えるような昆虫も、もしかすると人間の知らない恐ろしい生活をしているのかもしれない。そして、ショッカーだけは昆虫の本当の恐ろしさを知っていたのではないだろうか。

ショッカーが幼稚園バスを襲う理由

ショッカーは人類を奴隷として利用しようと企んでいた。

ところが、昆虫にも奴隷を操る悪党がいる。サムライアリである。サムライアリはクロヤマアリなどの巣を襲い、幼虫や繭を略奪してしまう。夏の炎天でアリが列をなして繭を運ぶようすは「蟻の引越し」と表現されるが、実はサムライアリの奴隷狩りである。そしてサムライアリは繭から羽化した働きアリを奴隷として使い、身の回りの世話をさせるのである。

すでに高い労働力を持つ大人のアリではなく、幼虫や繭を奪うところが奴隷狩りのポイントである。どんなに力の差があったとしても、奴隷の数が増えてくれば大挙して反乱を起こさないとは限らない。幼虫を奪えばその心配はまったくない。幼虫の頃から洗脳されたアリたちは、奴隷としての生活をごく当たり前のものと理解するだろう。こうして、サムライアリは奴隷をコントロールしているのである。

「世界征服を狙うショッカーが、幼稚園バスを襲撃する」とよく面白おかしく笑い話にしたものだ。しかし、子どもだった当時の私は何もわかっていなかった。考えてみれば、一見稚拙に思えるこの計画も、狙いはサムライアリの奴隷狩りと同じである。

ショッカーは世界人類を奴隷として支配下に置くことを目指していた。しかし、知恵のある大人ばかり誘拐していたのでは、常に反乱の心配をしなくてはならない。脳改造によって支配しようとしても、大勢となればとても手術が追いつかない。幼児を襲い、ショッカーの下で洗脳しながら育て上げることによって、初めて忠実なショッカーの奴隷が出来上がるのである。

幼稚園バスを襲撃する。この一見スケールが小さいように思える作戦こそが、ショッカーが長期計画に立って、着実に世界征服を狙っていたからに他ならないのである。

ショッカーの「あきらめない心」

ショッカーは、強い存在である。心からそう思う。

何しろ仮面ライダーには、連戦連敗。ただの一度も勝ったことはない。

それでも、「今日こそライダーを倒すのだ」「今度こそライダーの息の根を止めるのだ」と強気を崩したことがない。いったい、どんなメンタルをしているのだろう。

しかし負けても負けても絶対にあきらめない姿勢は、私たちは見習うべきだろう。

「失敗とはあきらめることだ」と言われる。あきらめない限り失敗ではないのだとすれば、ショッカーは、けっして仮面ライダーに負けてはいないのだ。

それにしても、ショッカーの首領とは何者なのだろう。

悪の組織ゲルショッカーの本部は、浜名湖の地下に隠されていた。そして、そのアジトへの入り口は、浜名湖畔に位置する遊園地パルパルである。

パルパルは、静岡県に住むわが家にとっては、なじみの遊園地だ。恐ろしい表情をしたブラック将軍が「パルパル遊園地に来い」と仮面ライダーをおびき寄せるのだから、息子は大興奮である。

ショッカー首領も、その場所にいた。そして、ライダーたちが三角頭巾を剝《は》ぎ取ると、その下には毒ヘビが絡みついた不気味な姿があったのだ。ただし、これは仮の姿で、じつは、その下には、不気味な一つ目の素顔が隠されていたのである。

もっとも、この姿も首領の本当の姿ではなかった。

その後、ショッカー首領は、デストロンという悪の組織を作り出すが、そのときに、ライダーに見られたその姿もまた仮の姿であったことを明かすのである。

ショッカー首領の正体

いったい、ショッカー首領とは何者なのだろうか。

じつは、よくよく考えてみると不思議なことがある。

ショッカーの怪人は、人間に動物の能力を組み合わせて作られている。

一方、ゲルショッカーは、カニとコウモリ、イソギンチャクとジャガーのように、二つの生物を組み合わせて怪人を作っている。しかし、実際には二つではない。カニとコウモリと人間という三種の生物を組み合わせているのだ。

それでは、デストロンはどうだろう。デストロンの怪人は、ハサミジャガーやタイホウバッファローのように生物と道具や機械を組み合わせている。

しかし、これも実際のところは違う。ハサミジャガーは、ハサミとジャガーと人間を組み合わせているのだ。

どうして、わざわざ人間を組み合わせなければならないのだろう。

もしかすると……私には、あるひらめきがあった。

じつは、仮面ライダーV3の第五十一話でショッカー首領と同一人物であるデストロン首領は、こう言うのである。

「私が人間だと誰が言った」

つまり、ショッカー首領は、人間ではないのだ。さらには、人間を強く憎んでいる。

もしかすると、ショッカー首領は、人間以外の生命なのではないか。

そして、人間に動植物の力を加えているのではなく、本当は、動植物に人間の力を加える改造を行なっているのではないか。そして、自然を破壊してきた人間に復讐しようとしているのではないか。

思えば、ショッカー首領はさまざまな動植物たちを束ねてきた。

もしかすると、ショッカー首領は傍若無人な人間の振る舞いに耐えかねた大自然そのものなのではないだろうか。

一九七二年に出された「オー！　ショッカー（田中守　作詞・菊池俊輔　作曲）」という曲の二番には、こんな歌詞がある。

「地から　空から　水の中から　生まれ出るショッカー　地球はショッカー　われらのもの」

まさに、大自然の生命の賛歌というべき、歌ではないだろうか。

そういえば、原作マンガの『仮面ライダー』では、ショッカーに改造された仮面ライダーは、こう言い放つ場面がある。「大自然がつかわした正義の戦士」。

果たして人類は、自然にとって味方なのか、それとも脅威なのか。

仮面ライダーとショッカーの戦いは、まさに大自然と大自然との闘いだったのだ。

そして、私はその真実に気づいてしまったのだ。

いや、これ以上は、話さない方が良いだろう。

何しろ、どこでショッカーの監視の目が光っているかもしれない。そして、私には、守るべき家族もあるのだ。

仮面ライダーV3

Ｖ３こと風見志郎は、城南大学生化学研究所の研究員生で、１号ライダー本郷猛の後輩である。

デストロン怪人によって家族を皆殺しにされた風見志郎は、デストロンのアジトでダブルライダーを助けようとして瀕死の重傷を負ってしまう。そこでダブルライダーは彼を改造し、仮面ライダーＶ３として甦らせた。

１号と２号を融合させたような変身ポーズで、ベルトのダブルタイフーンをまわして変身する。ダブルライダーによって改造されたＶ３は、１号の技と、２号の力を受け継いでおり、戦闘能力はダブルライダーを上回る。空中技を得意とし、多彩なキック技を持っている。さらに体内には二六の秘密の能力がある。マシンはハリケーン。

敵は、謎の秘密結社デストロン。人間に動植物の細胞を移植し、さらにメカを組み込んだ怪人を作り出し、世界征服を企んだ。

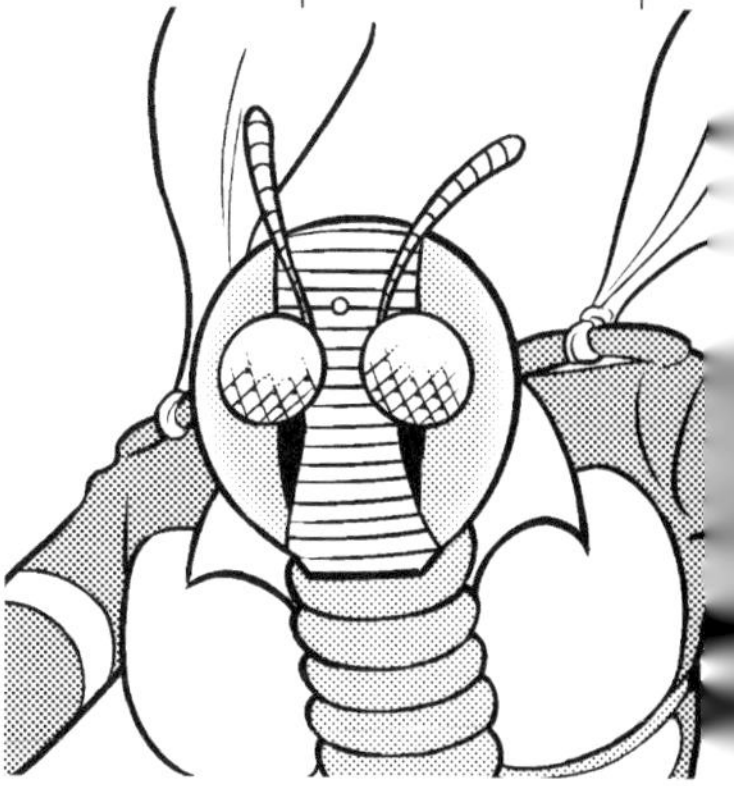

キックにこだわる赤トンボ

Ｖ３はトンボをモチーフにした改造人間である。白いマフラーを風になびかせ、両手を水平に広げて崖の上に颯爽《さっそう》と立つ勇姿は、まさにトンボを思わせる。

「Ｖ３はトンボだから、色々な空中技ができるんだよ」

私は知ったかぶって、息子に説明した。

回転キックや反転キック、きりもみキックなど、Ｖ３には多彩なキック技がある。風見志郎が体操選手だったことも、難易度の高いこれらの技を可能にしているが、一度キックした反動で空中へジャンプし、反転して再びキックするなど、一見すると物理的に不可能な気がする技も少なくない。この不可能を可能にしているのが、Ｖ３の長く白いマフラーである。オフィシャル設定で説明されているように、Ｖ３のマフラーは、実は羽なのである。

トンボは胸の筋肉が発達していて、四枚の羽を別々に巧みに動かすことができる。そのため、文字どおりのトンボ返りはもちろんのこと、ヘリコプターのホバリングのように空中に静止したり、さらにはバックすることさえできるのだ。トンボゆずりのこの羽を巧みに使ってＶ３は華麗な空中技を展開するのである。

ところがである。息子がこんなことを言ってきた。

「V3は弱いんだよ。だって、1号や2号みたいに一発で怪人を倒せないんだから」

確かに1号、2号ライダーはライダーキックの一撃で倒したのに、V3は多彩なキック技の連続攻撃で怪人を倒すことが多い。

「それは、ショッカー怪人よりデストロン怪人がパワーアップしているからだよ」

愛すべきV3の名誉のために、咄嗟《とっさ》にそう答えはしたものの、息子の指摘になるほどと考えさせられた。

V3にも、ライダーキックに相当するシンプルなV3キックがあるが、これはほとんど決め技としては使われていない。V3は空中で体をひねったり、回転したり、華麗な空中技の反動を利用してキックの威力を高めているのである。確かにキック技を高めなければならないほど、デストロン怪人は強いのかもしれない。しかし、V3も1号、2号ライダーに比べれば相当パワーアップしているはずである。なぜ多彩なキック技を編み出さなければならなかったのだろうか。

1号、2号ライダーはバッタ型改造人間なので、バッタの強い脚力を生かしたキック技が決め技になる。これに対してトンボは脚力が発達していない。そのためV3はパワー不足を補うために、空中でひねったり、反転して、勢いを増す必要があったのだろう。

しかし、トンボは脚力がない代わりに、羽を動かす胸の筋肉が発達している。それならば、

V3のキックの種類

Ｖ３キック	60ｍ上空で空中前転してから飛び蹴りを放つキック。
Ｖ３回転ダブルキック	前転の後、きりもみ回転しながらキックし、さらに背面ジャンプで反転して再度キックする。
Ｖ３回転フルキック	空中前転を３回行なった後、体をまっすぐに伸ばしての両足キック。
Ｖ３ダブルアタック	敵を投げ飛ばして、落下してきたところに背中へＶ３キックを決める。
Ｖ３きりもみキック	きりもみ回転からのキック。
Ｖ３回転キック	空中できりもみ回転、体をひねってからキックする。
Ｖ３反転キック	ジャンプキックを放った反動で再ジャンプし、後方回転からキックする。
Ｖ３きりもみ反転キック	Ｖ３きりもみキックを放った後、Ｖ３反転キックと同じように背面ジャンプで反転して再度キックする。
Ｖ３フライングキック	敵を放り投げて自らもジャンプし、両足で腹部にキックする。
Ｖ３回転三段キック	３回の空中前転の後、反転しながら３回連続でキックする。
Ｖ３スカイキック	前転の後、怪人の目の前で背面ジャンプし、反転してから両足でキックする。
Ｖ３マッハキック	空中で円盤のように回転して怪人に迫り、両足キックする。
Ｖ３三段キック	Ｖ３反転キックと同じ要領で、３回連続でキックする。

何もキックにこだわらずに、もっとトンボの腕力を生かした決め技を開発してもよかったのではないだろうか。バッタ型改造人間に比べると脚力の弱いV3が、これだけの苦心を重ねてまでキック技にこだわったのには理由があるはずだ。

バッタ型改造人間とトンボ型改造人間が似ている理由

仮面ライダー1号、2号がバッタ型の改造人間であるのに対して、V3はトンボ型の改造人間である。確かにV3は仮面ライダーの基本構造をベースに1号、2号ライダーの手によって改造されたということもあるだろう。しかし、モチーフとなる昆虫が大きく異なるにもかかわらず、V3は1号、2号ライダーとよく似たデザインである。これはなぜだろう。

バッタと同じ直翅目に属するコオロギをモチーフとしたコオロギ男は、ライダーと同じくショッカーの技術によって改造された。しかし、その外見は仮面ライダーとは似ても似つかない。それなのに、まったく種類が違うトンボをモチーフとしたV3が、なぜ1号、2号ライダーに似ているのだろうか。

実は昆虫の世界では、種類がまったく違うのに外見が似ているということはよくあることである。

テントウムシによく似たテントウダマシというコガネムシがいる。また、トラカミキリというカミキリムシはスズメバチによく似ているし、ハナアブという小さなアブはミツバチによく似ている。ついにはテントウムシに似たゴキブリやゴミムシに似たコオロギ、ハチに似たカメムシまでいる。

そもそも同じ種類の昆虫は姿も似ているべきだ、というのは人間の勝手な考えである。身を守るために種類のまったく違う昆虫に姿を似せるということは、昆虫にとっては何でもないことなのだ。

マネをされる昆虫は、毒を持っていたり、針を持っていたり、鳥などの天敵に襲われにくい性質を持っている。テントウムシは襲われると苦い体液を出して身を守るし、ハチは毒針を持っている。このような昆虫はわざと派手な色をして目立つようにしている。これは警告色と呼ばれている。テントウムシの色がカラフルなのも、ハチが工事現場のような黄色と黒のしましま模様なのも「注意してくださいよ」という警告色なのだ。

姿を真似ている昆虫の多くは、この警告色を真似て敵を遠ざけている。

擬態というと木の葉に似せたり、木の幹と同じ色になって身を隠すことを思い浮かべる。しかし、どんなにうまく隠れても見つかれば食べられてしまう。もっとも進化した擬態は自然物ではなく、力のある他の昆虫に姿を似せることである。これならば、食べられる心配はないのだ。まさに「虎の威を借る狐」である。この擬態は発見者の名前にちなんで「ベーツ型擬態」と呼ばれている。

V3の擬態戦略

ここで、V3について考えてみよう。風見志郎は体操選手としては高い能力を持っていたが、戦いに不慣れだったことは否めない。V3を改造した先輩ライダーにとって、このことは大きな不安材料だったはずだ。そのため、強いイメージのある仮面ライダーに似た姿にしたのではないだろうか。

デストロンはショッカー首領が作った組織である。ショッカー、ゲルショッカーを通じて、仮面ライダーとの対戦は連戦連敗。どんなにショッカー首領が強がっても、知らず知らず苦手意識が芽生えていることだろう。そこに、仮面ライダーによく似た新しいライダーが登場すれば、戦いにくいことこの上ない。仮面ライダーの強さを伝え聞いている怪人たちも、姿を見るだけでびびって実力が出しきれないかもしれない。

そのイメージをより強くするために、V3は決して得意ではないキックを多用した。ライダーキックは、本来、脚力の強いバッタ型改造人間だからこその技である。トンボ型改造人間のV3があえてキックにこだわる必要はどこにもない。しかし、「仮面ライダーキックが必殺技」というイメージを擬態する上で、キックにこだわる必要があったのだろう。擬態は見た目だけではない。行動まで真似をする必要がある。現に毒チョウに擬態したチョウは、外見だけでなく飛び方までそっくりだという。そこまでしなければ、敵を欺くことはできないのである。

V3が弱いキック力を補うために、反転キックやきりもみキックなど複雑な技を取り入れてまでキックにこだわったのはそういうわけなのである。

風を利用した変身ベルトで変身することや、オートバイを操ることも、おそらくはバッタ型改造人間である仮面ライダーへの擬態と見てよいだろう。

こうして1号、2号、V3は似たような外見になり、その後の共通した仮面ライダー像が作られていったのではないだろうか。

V3は何トンボ？

夕焼小焼の赤とんぼ

赤とんぼといえば、誰しもこの童謡を思い出すだろう。童謡「赤とんぼ」で歌われている赤とんぼは、一般的にはアキアカネだろうといわれている。何でも四番の歌詞の

とまっているよ竿《さお》の先

が決め手らしい。

トンボの止まり方は、種類によって竿にぶら下がって止まるタイプと、竿の先に止まるタイプがある。アキアカネは、竿の先に止まる代表的な赤とんぼであることから、そう推察されているらしい。

これに対してウスバキトンボであるという説もある。アキアカネが群れて飛ぶのは夏の夕方で、気温の低い秋の夕方に飛ぶのはウスバキトンボであるというのだ。ウスバキトンボの体はオレンジ色なので赤とんぼらしくないが、夕日に染まって飛ぶ姿は赤く見えるという。ただ、ウスバキトンボは竿にぶら下がって止まるタイプのトンボである。

一口に赤とんぼと言っても、いろいろな種類がいるものである。赤とんぼと言うのは、赤い小型のトンボの総称で、日本だけで二〇種もの種類がいるらしい。結局のところ、この論争には、まだ結論は出ていない。「赤とんぼ」の作者、三木露風も何とも罪な詞を残したもの

である。

赤い赤い赤い仮面のＶ３

そう歌われたその仮面からもわかるように、Ｖ３のモチーフは恐らくは赤とんぼだろう。それでは、Ｖ３は赤とんぼの中でもどんな種類なのだろうか。童謡「赤とんぼ」の種類を突き詰めようとした貪欲《どんよく》な探究心に負けずに考えてみることにしよう。

強引なことは承知の上で、Ｖ３の特徴を赤とんぼの検索図に当てはめてみる。赤とんぼの種類を見分ける最初の決め手は羽の斑文《はんもん》である。羽の斑文があるグループと斑文がないグループに分かれるのだ。羽に相当するＶ３のマフラーは真っ白である。したがって斑文がないグループに分けることにしよう。

次に見分けるポイントは顔の模様である。眉斑と呼ばれる眉のような模様があるものと、ないものに分かれるのである。Ｖ３の顔には眉がない。となるとＶ３は代表的な赤とんぼであるナツアカネか、アキアカネに分類されることになる。

ナツアカネとアキアカネは極めてよく似ている。両種を見分けるポイントは胸の線である。線の先端が尖っていればアキアカネ、平らであればナツアカネである。Ｖ３の胸の間にも線がある。この線の先端を見てみよう。背中側を見るとV3の場合は線の先端が平らである。つまり、検索図からはナツアカネに分類される。V3のモチーフはナツアカネなのだ。アキアカネの胸は赤くならないが、ナツアカネは胸まで赤くなる。V3の胸が赤いこともナツアカネの特徴とよく一致している。

もちろんV3は改造されているので、元の赤とんぼの特徴がどれだけしっかりと残っているかは怪しい。しかし、検索図で調べる限りナツアカネの可能性が高いと結論づけられるのである。

V3は何トンボ?

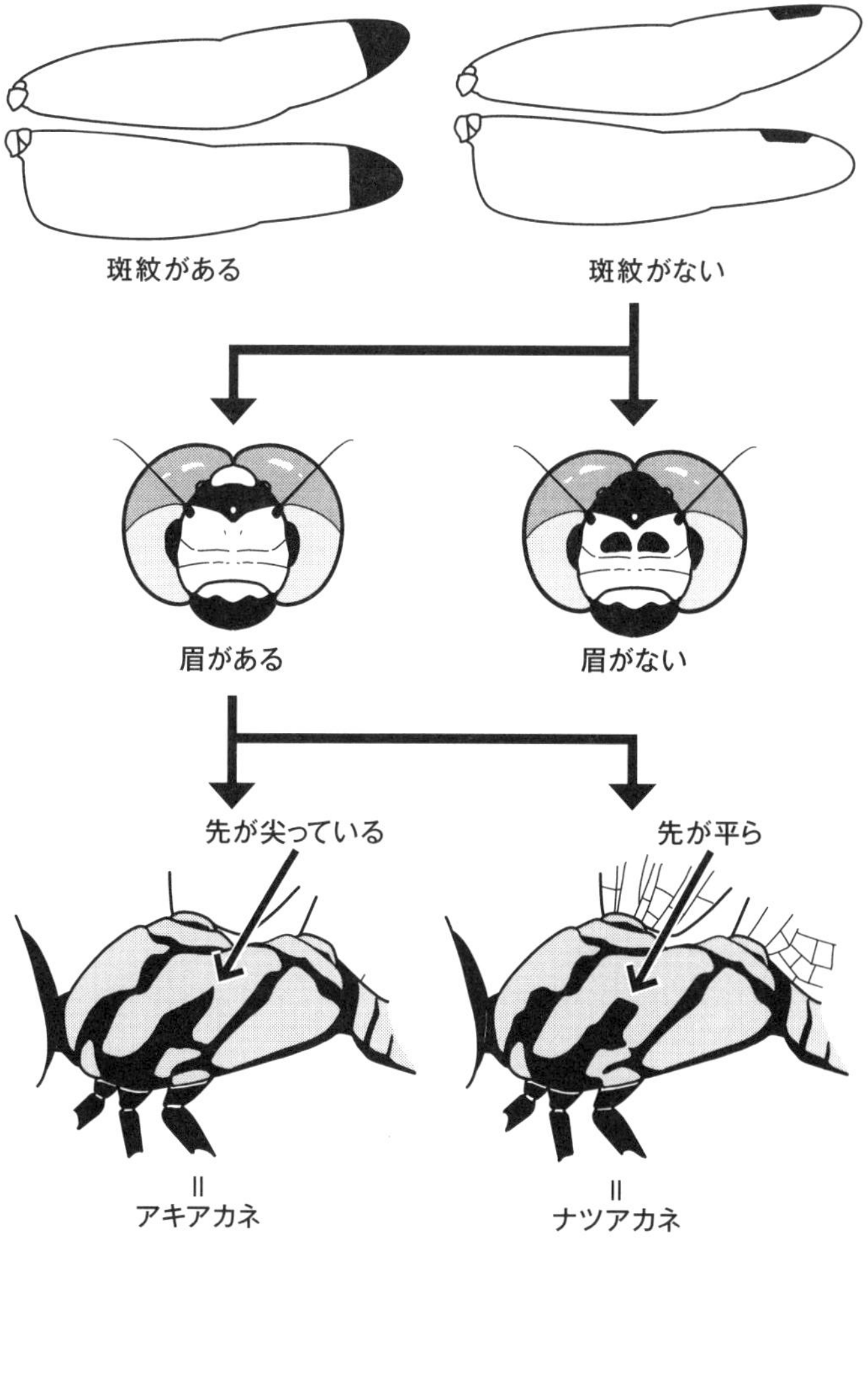
斑紋がある
斑紋がない
眉がある
眉がない
先が尖っている
先が平ら
=
アキアカネ
=
ナツアカネ

V3のトンボのめがね

土産物店で竹とんぼが目についたので、息子に買ってきた。子どもの頃、夢中になって友だちと競って飛ばした思い出がある。しかし、たくさんのハイテクおもちゃに囲まれた息子は見向きもしない。

「この竹とんぼは、V3ホッパーみたいなものだよ」

そういうと、ようやく興味を示してきた。

竹とんぼのように空中高く舞い上がり、上空から敵の動きを探るV3ホッパーはトンボ型改造人間ならではの装備だろう。五〇〇メートル上空まで舞い上がり、一〇キロ四方の映像をV3の目であるCアイに映し出すのである。バッタ型改造人間の1号、2号ライダーは追跡手段がオートバイしかなかったため、敵に逃げられることも多かったが、V3ホッパーによってV3は追跡能力を飛躍的に向上させた。V3ホッパーはまさに、仮面ライダー版「トンボのめがね」といったところか。

ところで、V3ホッパーは竹とんぼに似ているが、竹とんぼはどれくらいの高さまで上がるのだろうか。竹とんぼの飛ぶ高度を競う公式の大会が行なわれるそうだが、その記録は、高度五〇メートルを超えてしまうという。高度五〇メートルといえば一七階建てのビルに相当

する。

それにしても、単純な竹と竹ひごで作った素朴なおもちゃが、そんなにも高い空を飛ぶというのは何だか不思議である。一説には、有名な江戸時代の発明家、平賀源内が考案したともいわれている。この画期的な発明がなければ、竹とんぼをさらに発展させたV3ホッパーは、恐らく作られることはなかっただろう。

V3ホッパーは上空五〇〇メートル、竹とんぼは上空五〇メートルの高さを飛ぶことができる。それでは実際の赤とんぼは、どれくらいの高さを飛ぶのだろうか。

残念ながらこれはよくわかっていない。実は、赤とんぼの飛ぶ高さは私たちの予想以上に高いのだ。驚くなかれ、実は地上二〇〇メートル以上の高さを飛ぶ赤とんぼの大群が、高層ビルから目撃されているのである。もしかすると、これより高い位置を飛んでいるのかもしれないが、これ以上はもはや観測することは不可能である。もしかするとV3ホッパーさながらに五〇〇メートルもの高さを飛んでいるかもしれないが、真実を知っているのは赤とんぼたちだけである。

空高くから見下ろす人間社会は、赤とんぼたちの「トンボのめがね」にはどう映っているのだろう。虫けらのようにしか見えないのだろうか。

第2章

民俗学的
ライダー考察

ライダーマン

仮面ライダーX

仮面ライダーアマゾン

仮面ライダーストロンガー

ライダーマン

デストロンの優秀な科学者であった結城丈二だが、デストロンの幹部ヨロイ元帥によって裏切り者に仕立て上げられ、処刑されそうになる。逆さづりにされて、強酸のプールで右腕を失いながらも、仲間の科学者に助けられて脱走。その後、右腕の改造手術を受けた彼はライダーマンとしてデストロンへの復讐を誓った。

バイクの下に収納されたヘルメットの装着により変身する。右腕の人造アームの部分にロープやかぎ爪、ドリルなどの機能を持ったカセットアームと呼ばれるアタッチメントを装着する。

最初はV3とも敵対関係にあったが、デストロン打倒という目標のために共闘するようになる。V3とともに人類の自由のために戦う決意をした彼は、東京へ向けて発射されようとしているプルトンロケットに自ら乗りこみ、命と引き換えに爆破させた。V3は彼のために「仮面ライダー4号」の称号を贈った。しかし、死んだと思われたライダーマンだが、奇跡的に生き延びて、その後のライダーシリーズにもその無事の勇姿を見せてくれた。

ライダーマンは田んぼの神さま

息子は、ライダーごっこをする時には仮面ライダー1号やＶ３になりたがるが、一番大好きなライダーはと聞くと、意外にもライダーマンだと言う。

他のライダーたちと異なり、ライダーマンは完全な改造人間ではない。改造されたのは腕の部分だけで、大部分は生身の体なのだ。そのため戦闘能力は他のライダーと比べて数段見劣りする。はっきり言えば弱いのだ。そんなライダーマンにはどこか哀愁とせつなさが漂う。

しかし、私の息子のみならずライダーマンに惹かれる人は多い。ライダーマンの何が人々の心を捉えるのだろう。特に、Ｖ３とライダーマンというコンビは、どこか私たちの心をつかんで離さない存在でもある。

ライダーマンには明確なモチーフはない。しかし私が子どもの頃、友だち同士では、ライダーマンのモチーフはカマキリだというのが、もっぱらの噂だった。確かにあの先が尖ったマスクはカマキリの顔を思わせる。アタッチメントの中にも、その名もズバリ「カマアーム」と呼ばれるものもある。

ライダーマンがカマキリだとすると、私たちの心を引きつけるのも合点がいく。なぜならばＶ３のモチーフである赤トンボと、ライダーマンのモチーフであるカマキリのいる風景は私たち日本人の原風景なのである。

夕焼小焼の赤とんぼ　負われて見たのは　いつの日か

童謡「赤とんぼ」に歌われるように、秋の田んぼには一面に赤とんぼが舞う。なつかしいふるさとの情景である。昔、日本の国は「秋津島」と呼ばれていた。秋津とはトンボのことである。実り豊かな田んぼの上を赤とんぼの群れが飛んでいる。日本はまさにトンボの国だったのである。

一方、「かまきり爺さん」という童謡もある。

かまきりじいさん稲刈りに　鎌をかついであぜ道を　とおい田んぼに出かけます

稲穂が黄金色に色づく頃になると、田んぼではカマキリも目につくようになる。カマキリは、俳句の秋の季語としても親しまれている。

秋の田んぼの美しさ。間もなく冬の訪れを予感させる切なさ、哀しさ。遠い祖先からDNAに刻み込まれたこの原風景は、私たち日本人にいいようのない郷愁を感じさせてくれるのである。

さらに、赤とんぼとカマキリは田んぼの害虫を食べてくれる益虫である。赤とんぼは田んぼの上を飛びまわりながらせっせと蚊などの小さな虫を食べてくれる。いわば空の守りである。カマキリは稲を食べるイナゴなどの害虫をせっせと食べる。こちらは大地の守りである。

かつて東北地方では、赤とんぼを「タノカミ」と呼ぶ方言があった。これはもちろん「田の神」の意味である。また、お正月の羽根突きは、蚊を食べるトンボを羽に見立てて、一年間の無病息災を祈ることに由来するという。

カマキリもまた、害虫を食べる益虫として大切にされてきた。静岡県にはカマキリの姿をして舞を踊り、神に奉納する神事も伝えられている。

赤とんぼとカマキリは古くから私たちの暮らしを守ってくれる存在だった。そして今、赤とんぼをモチーフとしたV3とカマキリがモチーフと思われるライダーマンが力を合わせ、日本の平和を守ろうと戦っているのだ。これこそ、日本人が稲作の歴史の中で培ってきた原風景である。この光景が私たち日本人の心を打たないはずがないではないか。

蟷螂の斧

カマキリには「蟷螂《とうろう》の斧」という言葉もある。とてもかなわない相手にけなげに立ち向かうことである。

カマキリは昆虫界では強いイメージがある。その自信からか、自分より体が大きく、とてもかなわないような敵に対しても威嚇行動をとる。鎌を立て、羽を広げて震わせながらファイティングポーズをとるのである。その威嚇行動は「怒り」の表情に満ちている。

1号ライダーやV3が、悲しい運命を背負いながらも、表情に出さずクールに戦うヒーローであるのに対し、ライダーマンこと結城丈二はデストロンに対する怒りをあらわにしている。その様子はまさに、カマキリの威嚇行動を思わせる。

しかしながら、カマキリの場合はその怒りの威嚇行動が裏目に出ることも多い。よく自動車にひかれて命を落としているのも、逃げずに立ち向かってしまうからである。カマキリが田んぼに多いことはすでに紹介したが、カマキリは稲を収穫するコンバインにもよく巻き込まれて命を落とす。田んぼのバッタやイナゴが要領よく逃げていくのに対し、カマキリはどこか生き方が不器用なのである。

ライダーマンは完全な改造人間ではないので、他の仮面ライダーに比べるとどうしても能力は劣る。それでも恐れることなく、強大な敵であるデストロンに敢然と立ち向かっていった。そして最後はプルトンロケットもろとも自爆して、その身を盾にして人類を守り、命を散らしていったのである。そんなライダーマンは、どこか「蟷螂の斧」を思わせる。車にひきつぶされたカマキリのむくろに、ライダーマンの最期を重ねあわせてしまうのは、私だけだろうか。

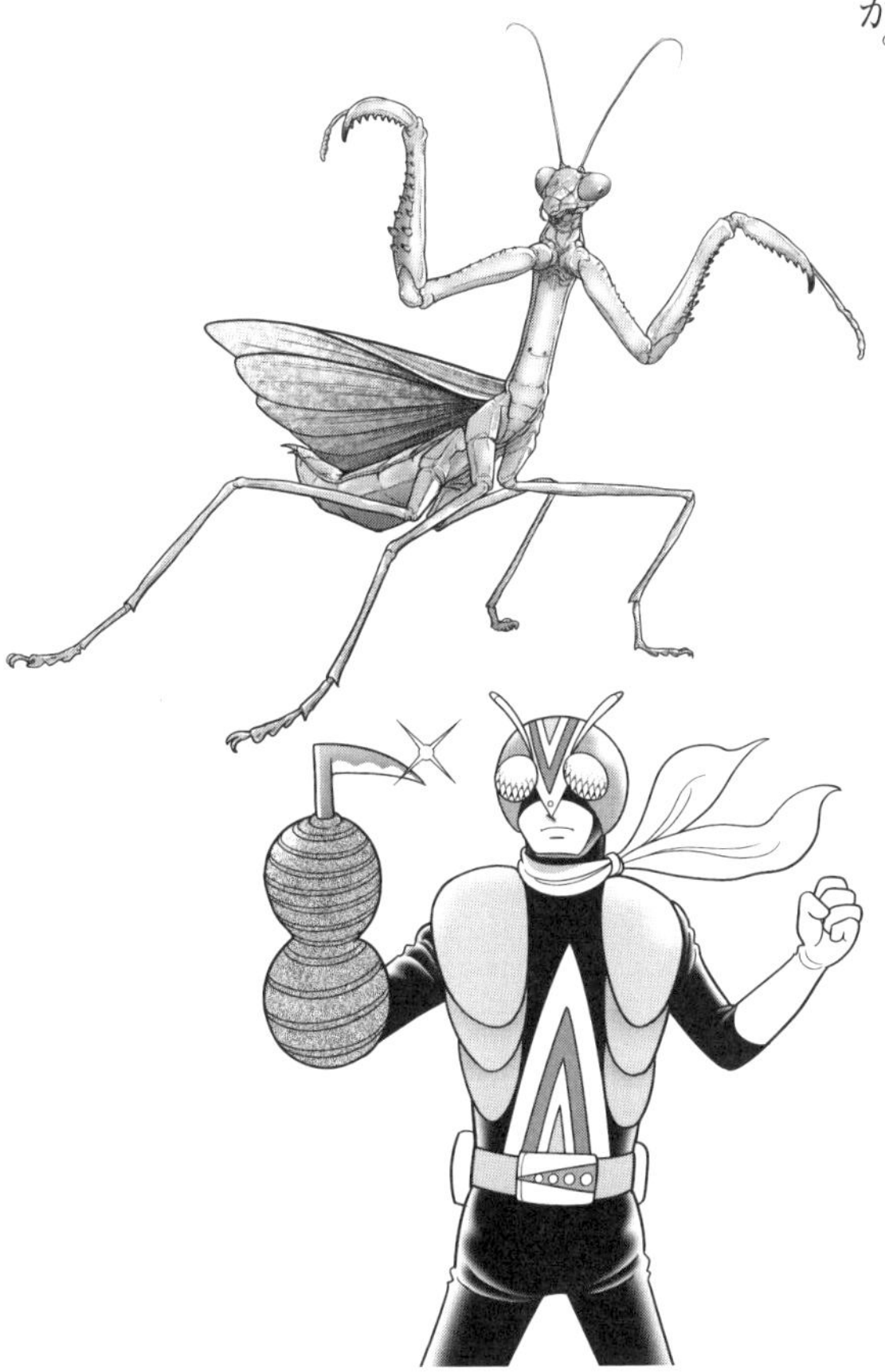

仮面ライダーX

神敬介の父で人間工学の権威だった神啓太郎博士は、謎の機関GOD からの協力を拒んだために、敬介ともども襲撃される。重傷を負った神博士だったが、最後の力を振りしぼり、重体の息子・敬介をカイゾーグ・仮面ライダーXとして甦らせる。

深海開発用改造人間である仮面ライダーXは、深海での活動も可能である。スティックや剣などに変形する武器・ライドルを巧みに使って敵と戦う。マシンは海底開発用バイク・クルーザー。「セタップ」のかけ声とともにベルトの腰に取り付けられたレッドアイザーとパーフェクターを装着して変身する。後にV3によってマーキュリー回路をセットされ、パワーアップした後は「大変身」の変身ポーズで変身できるようになった。

敵は謎の秘密機関「GOD」。対立する大国同士が水面下で手を握り組織したといわれており、日本国を破壊して恐怖の暗黒国家を作ろうと企んでいた。

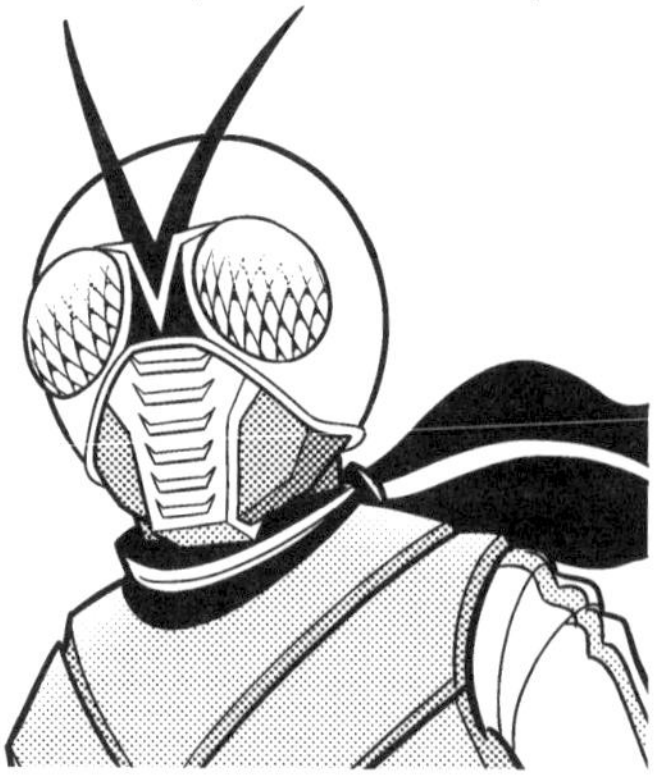

仮面ライダーXのモチーフは？

「仮面ライダーXは何の虫なの？」

息子が聞いてきた。

仮面ライダー1号、2号はバッタ、V3はトンボ、となれば、当然仮面ライダーXも昆虫であると息子は考えているらしい。息子はようやく仮面ライダーと昆虫のイメージがつながるようになったらしく、この前も昆虫図鑑を見ながら、ショッカー戦闘員はムカデから改造されたという珍説を披露してくれた。

しかし、Xライダーのモチーフとなると難問である。

1号、2号ライダーやV3は、動植物の能力を付加する技術によって改造されたのに対し、Xライダーは人間工学の技術で作られた純粋な改造人間である。そのためXライダーに生物のモチーフはないといわれている。

ただ、Xライダーが昆虫をモチーフとしている可能性も否定はできない。

Xライダーを改造したのは神敬介の父である神啓太郎博士である。神博士は自らが作ったカイゾーグを仮面ライダーと呼んだ。つまり、彼は仮面ライダーを作りたかったのだ。とするとXライダーのモチーフは歴代の仮面ライダーということになる。

神博士にとって仮面ライダーとは何か。それは彼が知る限り、1号、2号、V3である。この三人に共通することと言えば昆虫型の改造人間であるということだ。ライダーマンは明確な昆虫型改造人間ではないが、ライダーマンは彼の死後、V3によって仮面ライダー4号の称号を与えられた。ライダーマンが仮面ライダーの一員であることをV3こと風見志郎以外の人々がどれだけ認知していたかは疑問である。

さらには1号、2号ライダーは世界各地に出現していたし、1号、2号ライダー自身も色やマシンが次々変わり、はては偽ライダーまで出現しては、確かに一般人にとっては仮面ライダーが何人いるのかは知る由もなかっただろう。神博士が自分で作った仮面ライダーを5号と名づけずに、数学的な未知数を示すXと名づけたのも、仮面ライダーが何号までいるのか明確にわからなかったからに違いない。

とにかく、神博士にとっては仮面ライダー＝昆虫型改造人間というイメージは強かったはずである。マダラオオトカゲをモチーフとした仮面ライダーアマゾンがXライダーよりも先に登場していれば、神博士も思い込みにとらわれず、自由なモチーフを選んだだろう。深海開発用改造人間だから、伊勢エビやマグロなどをモチーフとした仮面ライダーを作り出していたかもしれない。

しかし、不幸なことに博士にとって仮面ライダーは昆虫型改造人間でなければならなかっ

いのである。

た。となるとおそらく神博士も昆虫をモチーフとしてXライダーをデザインした可能性が高いのである。

神博士、灯火に親しむ

Xライダーの昆虫のモチーフについてはヤゴ、タガメ、ゲンゴロウなどの水生昆虫という説や、チョウやガという説を聞いたことがある。この二つの説を検証してみることにしよう。

Xライダーは海洋学者の手による改造人間だけあって、海の中での戦いを得意としている。となると水生昆虫であるという説は当然考えられる。タガメは強い腕力を持ち、魚やカエルを捕らえる。水の中では圧倒的な強さを誇っている。ヤゴはお尻からジェット噴射のように水を噴射し、瞬時に移動できるスピードを持つ。ゲンゴロウは腹の下にアクアラングのように空気をためることができるので、長く水中に潜って活動することができる。いずれも魅力的な昆虫ではある。

しかし、Xライダーとヤゴやタガメ、ゲンゴロウはまったく似ていない。結論から言うと、私は水生昆虫説を支持しない。深海開発用改造人間をデザインする場合、淡水に棲《す》む水生昆虫をモチーフには、しにくいだろうと推察するのである。

地球上のあらゆるところに生息する昆虫だが、意外なことに地球の大部分を占める海に暮らす昆虫はほとんどいない。強いてあげるとするとウミアメンボの仲間くらいだが、アメンボは水面に浮いているだけで水中に潜ることはできない。

それならば水生昆虫か、というと、意外にそうはならないのである。

水生昆虫は河川や湖沼、水田など淡水をすみかにしている。淡水に生きる昆虫を海の中で戦わせることは学者としてはできにくいのである。

例えば、釣りクラブのマスコットを作ることを考えてほしい。マスコットはかわいいものをという制約条件があったとする。かわいい魚だからメダカや金魚をマスコットにしようと考えるだろうか。魚とはいってもどこかそぐわない感じがするだろう。なぜならメダカや金魚はどう考えても釣りの対象ではないからである。深海開発を考えていた博士にとって、海の中で戦う設定で、淡水に棲む生き物をモチーフとすることも同じようにしっくりこなかったはずである。

それならば、釣りクラブのマスコットにネコを使うことはどうだろう。釣り竿を持った魚好きのネコ。これならマスコットとしても抵抗はないだろう。つまり、メダカや金魚など同じ魚よりも、「釣り」や「魚」からイメージできるまったく別のたぐいのものの方がモチーフとしては使いやすいのである。人間の心理とは、かくのごとく複雑なものだ。

となると水生昆虫よりもまったく別の、しかし海や水をイメージさせるものをモチーフとした可能性が高い。

ここで、もう一つのチョウやガであるという説を支持したくなるような昆虫がある。オオミズアオである。オオミズアオはガの仲間だが、美しい水色をしている。その姿はとても神秘的で、多くの人の心を引きつける。オオミズアオは漢字では「大水青」と書く。「大」「水」「青」という字は、水の惑星地球の大海原をイメージさせるスケールの大きな名前である。

もしかすると、深夜まで研究活動をしていた神博士も、部屋の灯りに飛んできたこのガの姿を見ていたかもしれない。そして、その美しさに魅せられた神博士は、神秘にあふれる海洋を開発する改造人間のモチーフとしてオオミズアオを選んだのではないだろうか。

イナズマンとXライダーの共通点

幼少の頃、トイレの子ども用のスリッパにはイナズマンが描かれていた。イナズマンとは、仮面ライダーと同じく石ノ森章太郎によって描かれたヒーローである。話は仮面ライダーからそれるが、このイナズマンのモチーフもオオミズアオではないか、と私は常々思っている。

別に、怖かった夜のトイレの灯《あか》りに飛んできたオオミズアオを、無理矢理こじつけようとしているわけではない。

イナズマンは超能力者の渡五郎が、超能力ならぬ蝶能力で変身する。蝶能力で変身するくらいだから、イナズマンはチョウをモチーフにしていると一般的に説明されている。しかし、イナズマンはチョウではなくガではないかと思えてしかたがないのである。

チョウとガは一般的には次頁の表のような点で区別される。

確かにイナズマンの活動は昼間だし、色彩も美しく、胴体も細い。ただし、ここに示したチョウとガの違いは、あくまでも典型的なチョウとガに限った話であって、例外も少なくない。美しいガもいれば、地味なチョウもいる。昼間飛ぶガもいれば、暗くなってから飛ぶチョウもいる。チョウであるかガであるかにかかわらず、昼間活動するものは、視覚でコミニュケーションをしたり、鳥を驚かせたりするためにカラフルな色をしている。逆に夜活動するものは、昼間は木の幹などに隠れていなければならないので地味な色をしているのだ。

つまり、これらの区別点は決め手にはならないのである。区別する最も重要なポイントは触角である。チョウの触角は棍棒状《こんぼう》であるのに対して、ガは羽毛状かあるいは細くとがっている。ガは暗い闇の中を飛ぶためににおいなどの視覚以外の多くの情報を得る必要がある。そのため、触角を羽毛状にしているのである。昼間に活動するガは、この羽毛状のものを小さくさせて退化させているものの、基本構造は変わらない。

ところがこの区別点で見ると、イナズマンの触角はどう見ても羽毛状なのである。これは、イナズマンのモチーフはチョウではなく、ガである可能性があることを意味する。そして、あの妖しく美しいブルーはオオミズアオをおいて他にない。

もっとも、チョウとガとは同じ鱗翅目《りんしもく》という仲間で、生物学的には明確に区別できないようだ。現にヨーロッパではチョウとガとを明確に区別しない。フランスではチョウもガもパピヨンと同じように呼んでいるし、ドイツではガのことを「夜の蝶」と呼んでいる。イナズマンが仮にガであったとしても、「蝶能力」で変身することは何らおかしくはないのだ。

チョウとガの区別点

	チョウ	ガ
活動性	昼行性	夜行性
とまり方	はねを立てて閉じる	はねを開いて伏せる
羽の色彩	鮮やかで美しい	地味できたない
胴体	細い	太い

仮面ライダーアマゾン

アマゾンで飛行機墜落事故に遭いながら、奇跡的に助かった赤ん坊の山本大介は、長老バゴーによって野生児としてジャングルで育てられた。

十面鬼にガガの腕輪を奪われた長老バゴーは、ガガの腕輪と合わせると地球をも征服できる超エネルギーを発生させるギギの腕輪を守る戦士とするために、山本大介をインカの秘術によって改造する。バゴーが死の直前に残した「日本に行け」の言葉どおりに日本へ渡った彼は、言葉も満足に話せなかったが、親友となったマサヒコ少年に「アマゾン」の愛称で呼ばれるようになり、日本語やいろいろなことを教わっていく。

ギギの腕輪を狙う悪の組織ゲドンとガランダー帝国は、動物や昆虫に人間の脳を植え付けて巨大化させて獣人を作り出し、仮面ライダーアマゾンを襲わせた。山本大介は感情が高ぶり、怒りが頂点に達すると「ア〜マ〜ゾーン」の雄たけびとともに仮面ライダーアマゾンに変身することができる。必殺技は両腕のヒレで相手を切り裂く「大切断」。マシンはジャングラー。

民俗学が明かすライダーマンとの共通点

二歳になる私の娘は、どういうわけか仮面ライダーアマゾンが好きである。

息子とライダーごっこをしていると、「ア〜マ〜ゾーン」というあの雄たけびとともに、アマゾンに変身して参戦してくる。風呂に入れようと裸にするたびに必ずアマゾンに変身するのが彼女の日課でもある。二歳の娘は人間というより、サルに近い。そのため、アマゾンの野性味に共感を覚えるのだろう。満足に言葉をしゃべれないところもアマゾンとよく似ている。

アマゾンのモチーフはマダラオオトカゲというトカゲである。トカゲは残念ながら昆虫ではない。生物をモチーフとする他の仮面ライダーがバッタやトンボなど昆虫をモチーフとしているのに対し、爬虫類《はちゆうるい》のトカゲをモチーフとするアマゾンは異色の存在である。

だからといって、愛娘の好きなアマゾンを本書から外すわけにはいかない。何とかアマゾンを昆虫記に載せる手だてはないものだろうか。考えあぐねたあげく、うまい手を考えた。

トカゲは漢字で書くと「蜥蜴」。虫の字が二つもついているではないか。昔は、鳥や魚、獣に分類できないものは、すべて虫と呼んだ。アマゾンも昆虫ではないが、同じ虫の仲間なのだ。そういえば、蛇《へび》や蛙《かえる》、蛸《たこ》なども虫偏である。

ところがである。むりやり虫にこじつけなくても、仮面ライダーアマゾンについては特筆すべき事実があることを思い出した。

すでに記したとおり本書ではライダーマンのモチーフをカマキリではないかと考えているが、そうするとライダーマンとアマゾンには複雑な関係が浮かび上がる。

驚くことに、アマゾンのモチーフがカマキリであり、ライダーマンのモチーフがトカゲであると主張する人たちが少なからずいるのだ。これはどういうことなのだろう。

実は、カマキリのことを「とかげ」、トカゲのことを「かまきり」と逆に呼ぶ地方がある。なぜ、こんな奇妙なことが起こったのか。これには、ちょっとしたエピソードがある。

これらの地域では、方言でカマキリのことを「かまぎっちょ」、トカゲのことを「かがみっちょ」と呼んでいた。ところが近代になって、標準語の普及のために、方言名の「かまぎっちょ」が「カマキリ」に、「かがみっちょ」が「トカゲ」に改められることになった。この時に悲劇が起きた。勘違いしてトカゲを意味する「かがみっちょ」が「カマキリ」に、カマキリを意味する「かまぎっちょ」が「トカゲ」に逆に置き換えられてしまったのだ。

「かまぎっちょ」と「かがみっちょ」はただでさえ似ているので、古くから混乱してカマキリもトカゲも「かまぎっちょ」と共通の方言名で呼んでいたところもある。話はますますややこしくなるばかりだ。

こうして、カマキリとトカゲとは各地で混同されているのである。このことは、民俗学者として名高い柳田國男が記した『蟷螂《かまきり》考』の中でもくわしく論じられている。日本語はかくのごとく難しい。南米・アマゾンの奥地で育ち、日本に来てから片言の日本語を覚えた山本大介ことアマゾンも、きっと日本語の難しさをかみ締めたことだろう。

仮面ライダーストロンガー

ブラックサタンに殺された友人の敵をとることを決意した城茂は、自らブラックサタンのアジトに侵入し、仲間になると偽って改造手術を受けて仮面ライダーストロンガーとなった。しかし、自己催眠装置によって洗脳を逃れた彼は、電波人間タックルとともに脱走。全世界の人間の脳にサタン虫を植え付けて奴隷にしようとする悪の秘密結社ブラックサタンと、戦いを繰り広げることになる。

電気人間として改造されたストロンガーは、コイルが巻かれた自分の腕をこすり合わせ、スパークさせることによって変身する。必殺技は高電圧によって破壊力をアップした電キックと電パンチ。マシンはカブトロー。

ブラックサタンを倒した後も、デルザー軍団が出現。戦いの最終盤に仮面ライダー1号からストロンガーまでの七人ライダーが勢ぞろいし、戦いを挑むが、ショッカーからデルザー軍団に至るまでの、すべての悪の組織の黒幕が、同一の岩石大首領であったことが判明。7人ライダーが力を合わせて岩石大首領を倒し、長きにわたった戦いは一つの幕を閉じた。

なぜ口笛高くやってくるのか?

息子がストロンガーの歌を勇ましく歌っている。

口笛高く　やってくる　強い男はストロンガー

聞きながら、私はなるほどと思った。昆虫の世界でも、高々と鳴くことができるのは強い男だけなのである。

声高々と鳴く昆虫はいくつかある。夏に鳴くセミの仲間や秋の夜に鳴くコオロギの仲間などがそうだろう。鳴いているのはいずれもオスだが、オスが鳴くのには主に二つの理由がある。

一つはメスを呼び寄せるため、もう一つはライバルとなるオスに対して縄張りを主張するためである。より高々と大きな音で鳴く方が、遠くのメスを呼んだり、遠くのオスを牽制することができて有利である。

しかし、問題もある。大きな音で鳴くと、昆虫を食べる天敵に自分の存在を知らせてしまうのである。大きな声で鳴くのも命がけなのだ。高々と鳴くことができるのは、危険を恐れない自信の表れである。それだけで強さの証といっていい。

もちろん、我らがストロンガーも敵を恐れず口笛高くやってくる。鳴くことができるのは、その名のとおり「ストロンガー（強者）」だけなのである。

強い男は口笛高く。それでは弱い男はどう生きればよいのだろうか。答は簡単だ。弱い男は鳴かないに限るのだ。

実は、コオロギには居候戦略なるものが存在する。弱いコオロギは鳴かずにじっとして、声高々に鳴くコオロギのそばに潜んでいるのである。声を出さなければ天敵に見つかることもないし、他のオスとけんかになることもない。そして、じっと息を殺して潜みながら、強いオスの鳴き声に引かれてやってきたメスと交尾してしまうのである。強いオス同士がメスをめぐって争っているうちに、さっさと横取りしてしまうものもいる。何ともずる賢い生き方ではある。

弱肉強食の厳しい自然界。しかし、強くなくとも生き抜くことができるのが、自然界の面白いところといえるだろう。

日本を守るカブトムシ

歴代ライダーたちは、日本ばかりでなく世界を舞台に戦っていた。世界征服を企むショッカーと戦っていた1号ライダーは、日本を2号に任せてヨーロッパへ渡った。そして、1号が帰国した後は2号ライダーが南米へ渡ったのである。やがて、V3誕生後はデストロンの野望を砕くため1号、2号ともにオーストラリアへと渡っていった。

その後も、歴代ライダーは世界各地で戦っている。まさに、ワールドワイドな活躍をしていたのである。

ライダーたちの活躍のおかげで、息子はずいぶん世界の地理を覚えた。

オーストラリアの干ばつのニュースを見ては、「ここは、1号ライダーが行ったところだよね」とさらりと言ってのける。そんな姿を見るにつけ、息子はもしかすると天才なのでは、とも思わされるが、夜ふとんに入って、「ヨーロッパは今、昼なのに、仮面ライダーは眠くないのかなぁ」と言うあたりは、まだまだ幼児である。

私にも覚えがある。後輩ライダーがピンチになると世界中から駆けつける先輩ライダーたちの姿に、私は世界に暗躍する悪の組織の強大さを感じ、テレビ画面では見られない海外での死闘に思いを馳《は》せたものである。

ところがである。世界に羽ばたかず、日本の地にしがみついていたライダーがいる。ストロンガーである。
仮面ライダーストロンガーのオープニング「仮面ライダーストロンガーのうた」にはこんな歌詞がある。

守るぞ　平和を　日本の

さらに、エンディング「きょうもたたかうストロンガー」の歌詞はこうだ。

望みはひとつ　日本の　平和のゆくてを　守るため

歴代ライダーたちが世界の平和のために戦っていたのに対し、ストロンガーは主題歌に見る限り日本の平和しか願っていない。何とスケールの小さいことか。
ストロンガーの敵、ブラックサタンが日本だけをターゲットにしていたかというとそんなことはない。ブラックサタンは全世界の人間の脳にサタン虫を植え付けて奴隷にしようと企てていた。ブラックサタンもまた世界征服を狙っていたのだ。また、番組内で明らかにされたようにショッカーからデルザー軍団に至るまでの、悪の組織の首領の正体は同一の人物である岩石大首領だった。ということは、目的は一貫して世界征服にあったはずである。

にもかかわらず、なぜストロンガーは世界の平和ではなく、日本の平和だけを考えていたのだろうか。この答はストロンガーがカブトムシの改造人間という点にある。

仮面ライダーのモチーフとなったトノサマバッタは日本だけでなく、世界中に分布しているが、飛翔距離が長いので国境を越えて飛び回っている。トノサマバッタに近縁のサバクトビバッタはその飛翔力で海を飛び越えてしまうほどである。

V3のモチーフである赤トンボの仲間も世界に広く分布している。代表的な赤とんぼであるアキアカネは田んぼで羽化してから、暑い夏の間は涼しい山の上へ移動し、秋になると再び里へ降りてくる。その移動距離は時には片道一〇〇キロを超えることもある。小さなトンボにとっては大変な移動距離だ。また、赤トンボの仲間のウスバキトンボは「盆トンボ」とも呼ばれていて、旧盆の頃になると日本中に見られるようになる。ところが、ウスバキトンボは何と熱帯から二〇〇〇キロ以上もの旅をして日本まで飛んでくるのだ。北はカムチャツカ半島、南はニュージーランドまで飛んでいくというから、まさに渡り鳥も顔負けだ。

国境を越える昆虫にとっては日本という狭い範囲は考えられない。日本の平和が守られるだけでは、生存の場が確保できないのだ。

これに対してカブトムシの行動範囲は狭い。自分の生まれ育った雑木林で一生を終えていく。小さな雑木林では昆虫の王者を誇っても、外の広い世界を知らないのだ。だからストロンガーが、海の向こうの世界にまで思いが至らなかったとしても無理もない話である。

それでも日本にしがみつく

しかしデルザー軍団が滅んだ後、日本をこよなく愛したストロンガーも後輩のスカイライダーに日本を託し、これまでのライダーたちと同様、海外へと旅立たなければいけなくなった。

ところが、である。スカイライダーが始まってわずか19話目「二人の仮面ライダー　もう一人は誰だ」でストロンガーは早くも日本に帰ってきてしまったのだ。しかも香港からの帰国である。日本国内から香港へは飛行機で最短二時間、成田空港からでもわずか四時間弱の距離である。外国とはいっても、そんなに近いところにいたのである。

スカイライダーの危機に先輩ライダーたちは何度か帰国する。1号はメキシコ、2号はアメリカはアラスカ、V3はギリシャ、ライダーマン、Xライダーはエジプト、アマゾンはペルーからそれぞれ駆けつける。まさに世界狭しの活躍である。これに対してストロンガーは香港だから、七人のライダーの中では際立って近場である。

カブトムシの分布は日本の他には朝鮮半島から中国、東南アジアまでの範囲である。アジアをふるさとにもつカブトムシ。だからこそストロンガーも海外とはいってもアジアから出ることができなかったのではないか。

最終回間近のスカイライダー第52話では、ストロンガーこと城茂から筑波洋の亡き父親の親友をネオショッカーの火薬庫で目撃したと連絡が入る。そして、城茂は歴代のライダーたちを世界各地から招集し、最後の決戦へと展開するのである。しかし、待ってほしい。城茂はなぜそんな情報を手に入れることができたのだろうか。もしかするとストロンガーは一度帰国した後も香港には戻らず、ずっと日本にいたのではないだろうか。

ストロンガーは、どこまで日本にこだわるのだろう。これは、もはやカブトムシの分布が日本周辺だけだから、ということだけではないだろう。

改めて言うまでもなく、日本で昆虫の王者といえば、カブトムシである。子どもたちの人気もダントツのナンバーワンだろう。しかし、少し世界に目を向けてみよう。外国にはヘラクレスオオカブトやアトラスオオカブトなど名前も姿も立派なカブトムシがごろごろしている。世界のカブトムシ展となると、子どもたちは小さな日本のカブトムシには見向きもしないほどだ。大きさも日本のカブトムシの比ではない。それればかりか、外国に行けば宿敵のクワガタさえ、日本のカブトムシよりも大きいものも珍しくない。

日本で威張っていても、海外に一歩踏み出せば、カブトムシの地位は一気に失墜してしまうのだ。どうやら、カブトムシにとって世界に羽ばたくことは、あまり気乗りがしないのも無理はないようである。

今日も世界のどこかで悪と戦っている仮面ライダーたち。しかし、もしかするとストロンガーだけは、裏山の雑木林あたりで身を潜めながら、じっと登場のチャンスをうかがっているのかもしれない。

ストロンガーは本当にカブトムシなのか

「ストロンガーってカブトムシっぽくないね」

息子がつぶやいた。カブトムシにしては角が小さいというのである。角はカブトムシの一番の特徴である。子どもたちは皆、カブトムシの立派な角にあこがれる。ところがストロンガーの頭部の突起はカブトムシの角というにはお粗末すぎる気もする。

ショッカーのカブトロングやゲルショッカーのイノカブトン、ゴッドのカブトムシルパンなど、カブトムシをモチーフとした怪人たちが、いずれもカブトムシ最大の特徴である立派な角がデザインされているのと比べると、いかにも対照的である。

そういえば、カブトムシにしては顔に対して目が大きすぎるような気もする。よくよく見るとストロンガーの顔はカブトムシというよりも、むしろウシアブを思わせるのである。ウシアブの仲間は美しく大きな複眼を特徴としている。ストロンガーの大きく、緑色の目はまさにウシアブにそっくりである。

さらに言えば、カブトムシやクワガタムシの複眼は外見上一つ一つの個眼の区別がないので、一つの眼のように見える。一方のアブはトンボやハエと同じように個眼がはっきりしている。それではストロンガーの複眼は、というと、何と細かな個眼がはっきり見えるではないか。

また、ストロンガーの角の中央には、Oシグナルがある。仮面ライダー1号の項で紹介したように中央のOシグナルは昆虫では単眼に相当する。それにしても角の真ん中に眼などあるのだろうか。つまり、単眼がついているのは、角ではなく、顔と触角なのではないだろうか。

そもそもカブトムシの成虫には単眼がない。それでは一方のアブはどうかというと、しっかりと顔の真ん中に単眼があるのだ。

調べれば調べるほど、ストロンガーはカブトムシではなくアブであると考えざるをえない。

さらに、カブトムシは体重の二〇～三〇倍もの物を引っ張る力を持った、昆虫界きっての力持ちである。しかし、力の2号と呼ばれた2号ライダーが、力まかせに敵を投げ飛ばすライダー返しやライダー投げを得意としたのに対して、ストロンガーは「カブトムシの力」という宣伝文句の割には力技はあまり見られなかった。また、ストロンガーはV3と同じ白いマフラーをしている。V3のマフラーがトンボの羽だったように、ストロンガーのマフラーもまた、アブの白く透き通った羽なのではないか。

疑惑は深まるばかりである。本当のところ、ストロンガーはカブトムシではなく、アブなのではないか。

すべては勘違いだった

しかし、である。息子と一緒にビデオを見返して、この疑惑はすぐに否定された。何しろストロンガーの改造シーンで、ブラックサタンの研究者は城茂にこう告げているのだ。

「カブトムシの強力な力を植え付け、内臓の代わりに発電装置をセットした」

はっきりカブトムシと言っている。やはり、ただの空想にすぎなかったのだろうか。しかし、少しだけ待ってほしい。改造手術のシーンをもう一度だけ思い出してみよう。実験助手と思える戦闘員を除くと二人の研究員が登場する。

最初の場面、手術前の城茂の改造人間としての適性を見る実験の場面で、やや若い研究者が実験を行なっている。もう一人の研究者が、「どうかね、城茂の肉体反応は」と声をかけながら実験室へ入ってくる。この口の利き方からすると後から入った研究者は上司か先輩に当たる様子だ。改造手術の場面で、この上司らしき研究者は城茂の体に機械を組み込んでいる。このことから、肉体実験を行なっていた研究者は生物医学系、機械を埋め込んだ年長の研究者が電気工学系の専門ではないかと推察できる。

そして、城茂にカブトムシの力を植え付けたと告げるのは、この電気工学系の研究者なのである。つまり、二人の研究者の専門が違うということは、電気工学系の研究者が生物医学系の仕事についていては十分に理解していない可能性もある。

専門家同士であれば生物名は標準和名や学名が共通言語になる。例えば、実験植物によく用いられるシロイヌナズナというナズナの仲間の植物を、他人に説明する場合を考えてみよう。

同じ分野の専門家同士では「アラビドプシス」という学名を用いるだろう。あるいは「アラビド」と略語で言うこともある。同じではないが近い分野の研究者に話す場合は、わかりやすく「シロイヌナズナ」と標準和名を用いるだろう。しかし、まったくの門外漢の研究者に話す場合にはできるだけわかりやすく説明をしようとするのが普通だ。シロイヌナズナであれば、「これはペンペン草の仲間です」とでも説明するのではないだろうか。

ウシアブは方言で「ブト」と呼ばれている。ブトは本来、ブヨを指す言葉だが、地方によってはアブのことをブトと呼ぶのだ。担当研究者が、電気工学分野の上司に、標準和名や学名を用いずに、できるだけわかりやすい言葉を選んで説明したとしたらどうなるだろう。

「これはタバナス（アブ属の学名）の遺伝子を組み込みました。つまり、ブトの能力です」

「そうかカブトの能力か」

こんなすれ違いのやり取りが行なわれはしなかっただろうか。カブトムシをカブトと省略して言うのは広く行なわれているから説明はいらないだろう。

こんな単純なミスがあろうかと思うかもしれないが、単純なことだからこそ間違えやすいのである。専門家同士ではまったく問題にならない専門用語のやり取りが、専門が異なると思わぬ誤解を生むということはよくあることだ。もっとも、この程度の部下と上司の情報伝達のすれ違いはどこの職場でも経験があるだろう。これは、たとえ世界征服を企むブラックサタンであっても決して例外ではない。もちろん、上司の誤りを、部下が容易に正せないことも同じである。

かくしてすっかりカブトムシだと信じ込んでしまった上司は、城茂にこう告げるのである。

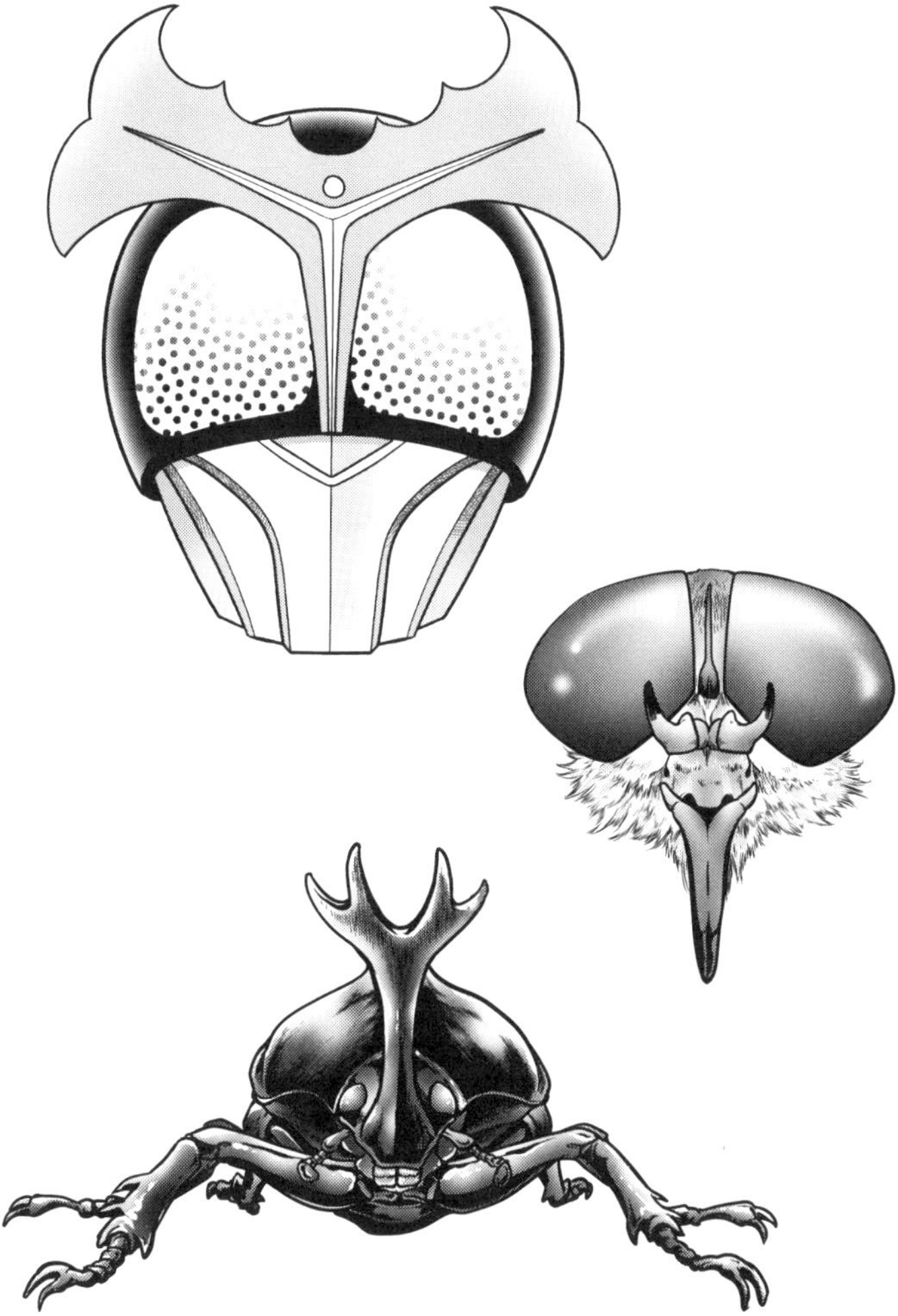

ストロンガーはカブトムシなのか？　アブなのか？

「カブトムシの強力な力を植え付けた」と。

これはまったくの空想である。ただそう思いたくなるようなことがある。ストロンガー第15話ではストロンガーの敵としてクワガタ奇械人が登場する。カブトムシとクワガタのバトルは子どもたちにはお馴染みだ。自然界ではクワガタムシがカブトムシに勝つことも時にはあるらしいが、誰もが思うイメージではカブトムシとクワガタムシのバトルはカブトムシが勝つ。カブトムシの奇械人であるストロンガーを倒すために、わざわざクワガタムシの奇械人を作るだろうか。

電気人間の謎

さらに、ストロンガーをウシアブと仮定すると、一つの大きな謎が解ける。

ストロンガーは電気人間として改造された。カブトムシがなぜ、電気なのかと不思議に思われた方はいないだろうか。

実際には昆虫で電気を持っているものはいない。ホタルの光を連想する方もいるだろうが、あれは化学反応による発光なので電気とは関係ない。もちろん、ストロンガーは奇械人であり、生物にはない発電機能を組み込まれたため電気を起こすことは不自然でない。しかし、電気人間とするからには、そこには電気とカブトムシを関連づける連想があったはずである。

例えば、ハチをモチーフとした蜂女は剣を持っている。実際のハチの能力であればお尻から針を出すべきだが、ハチの針のイメージが、剣術という能力によって表現されたのである。大きな音を出すセミやコオロギの改造人間が超音波を操ったり、モグラのロボットがドリルを武器にするのも実際の能力ではなく、その能力からイメージされるものが装備されているのである。

それでは、電気はどのような能力からイメージされるのか。

有名な電気うなぎは本当に電気を起こして感電した小魚を食べる。しかし、本当に電気を起こすことができる生物はごく少ない。例えば、電気クラゲで知られるカツオノエボシは実際には電気を起こすことはできない。しかし、毒に刺された感覚が感電を思わせることから電気クラゲと呼ばれている。

昆虫で電気虫の別名を持つのはイラガの幼虫である。もちろん、電気虫も実際に電気を起こすわけではない。刺された時の感覚が、感電のショックに似ているのでこう呼ばれているのだ。

その名もヒャクワット（一〇〇W）の方言を持つ昆虫もいる。スズメバチである。スズメバチも電気を起こさないが、スズメバチに刺された時の痛さを、感電にたとえているのである。

このように毒針に刺された時はよく電気にたとえられている。実は、ウシアブも人を刺す。口針で人の血を吸うのだが、アブに刺された痛みはすさまじいらしい。このイメージが後のストロンガーとなるアブ奇械人を電気人間としてデザインさせたとは考えられないだろうか。

そういえば、手をこすりあわせるストロンガーの変身は、まさにハエやアブが手をこすりあわせるしぐさを連想させるのは気のせいだろうか。

タックルと電波の関係は?

電気人間ストロンガーの電気は、虫刺されがモチーフであったと考えると、タックルの電波は何がモチーフとなるのだろうか。

かつてファーブルは、オオクジャクガというガのメスを箱の中に隠しておいても多くのオスが寄ってくることを観察し、メスとオスとが電磁波によって交信することも仮説した。しかし、結果的にそれは誤りで、実際には昆虫フェロモンというにおい物質による交信であった。

また、ヤガというガはコウモリに食べられないために、コウモリが発信する超音波に反応して逃げる能力を持っている。しかし、超音波とは人間の耳には聞こえないような高い周波数の音のことだから、電波とはまったく異なる。

電波を操る昆虫は、実際には存在しないのだ。ということは、ストロンガーの電気と同じように、電波をイメージさせる何かが、タックルのモチーフであるテントウムシにあるのではないだろうか。

テントウムシは英語ではレディバグという。バグとはカメムシの意味である。日本でもテントウムシとカメムシはアネコムシ、ヨメコムシなど共通の方言名を持っている。昔は、テントウムシはカメムシの仲間と考えられていて、明確には区別されていなかったのである。そういえば、カメムシの仲間は、テントウムシに負けず劣らず美しい模様を身につけているものも多い。

カメムシは「屁《へ》こき虫」の別名を持つように、敵に襲われると強烈な臭気ガスを発射する。となると一つの想像ができる。電波は、この臭気がモチーフではないだろうか。体に触れずに相手を倒す電波投げは、あたかもカメムシのにおいのあまりの臭さに卒倒する人の姿に見えないか。カメムシは小さな昆虫だが、人間をやっつけるだけの威力を持っている。力では劣るタックルが、このカメムシの攻撃をヒントに電波人間に改造されたとしても不自然ではない。

事実、テントウムシも臭気を発する。テントウムシは特有のにおいをもった黄色い防御液を出すのである。テントウムシが鮮やかでカラフルな模様を身につけているのは、自分を襲う敵に対して自らがまずいことを誇示しているのである。

一般的に鳥などの天敵から逃れるためにはできるだけ目立たない方がいい。しかし、身を守るために毒を持っている場合は、逆に毒々しい色を目立たせて自分の存在を明らかにする方が有利になる。その方が、鳥は警戒して食べようとしないのだ。せっかく毒を持っていても目立たなければ、他の虫と間違えて食べられてしまうこともある。このようにわざと自分の存在を目立たせる模様を「警告色」と呼んでいる。また、身を隠す擬態とは逆に、わざと目立たせて身を守るこの擬態は「ミューラ型擬態」と呼ばれている。カメムシの多くがテントウムシと同じようにカラフルな色をしているのも警告色である。赤地に黒の水玉のタックルのデザインは、女の子らしい可愛いデザインではなく、本当は敵を退けるためのものなのではないだろうか。

ストロンガーはカブトムシではない、と仮定するとストロンガーが電気人間であり、タックルが電波人間である理由もおぼろげながら見えてくる。

ただし、これはすべて勝手な空想でしかない。ブラックサタンが滅亡してしまった今、事の真相を知る術はないのだ。真偽はともかく、仮面ライダーストロンガーは今でもカブトム

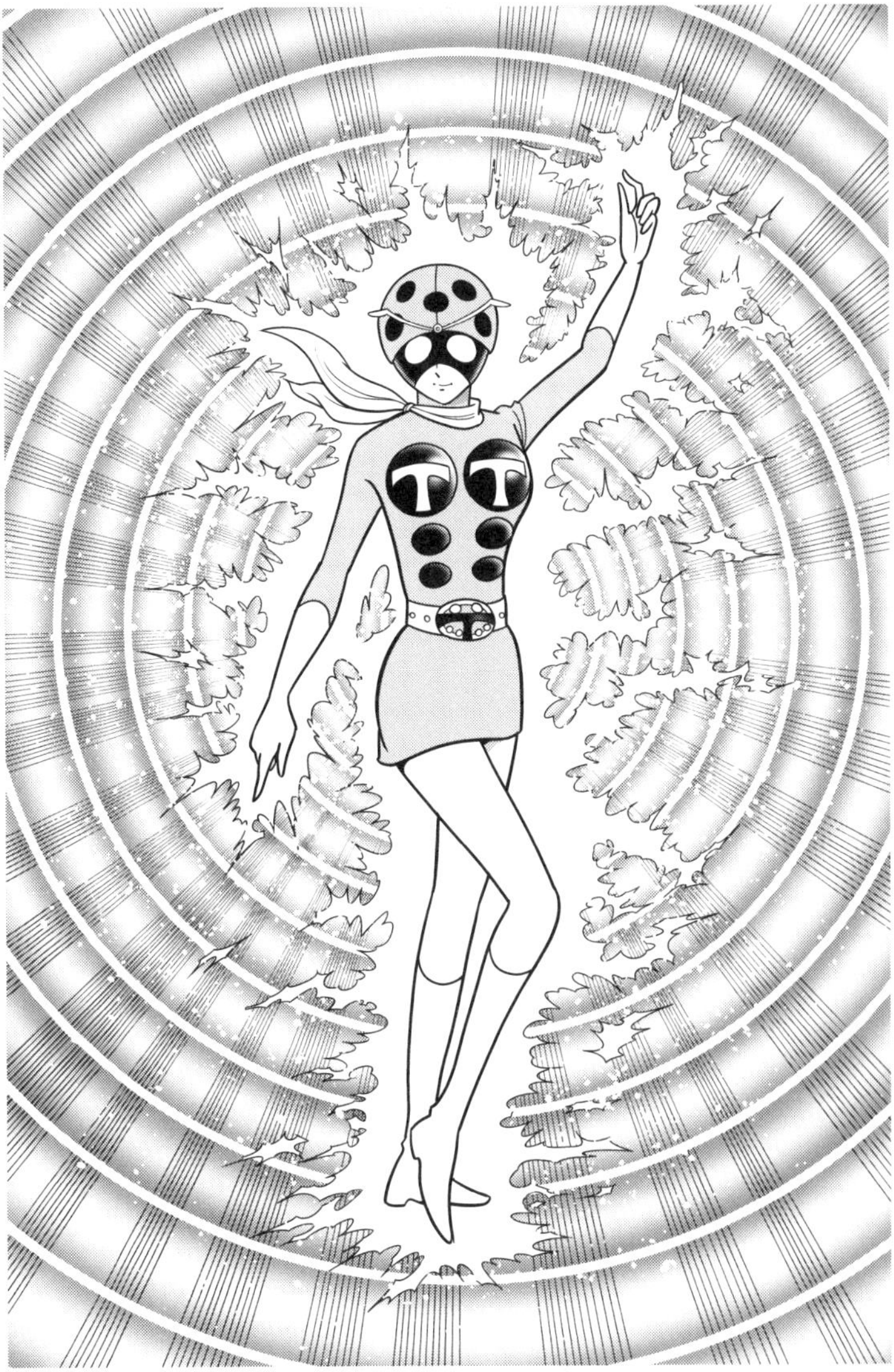

シをモチーフとした改造人間として活躍している。これだけは事実である。

罠にかかりやすいタックル

電波人間タックルはストロンガーのパートナーである。しかし実際には、ストロンガーを助けるよりも、敵の罠にまんまとはまり、ストロンガーの足を引っ張ることの方が多かった。

「これだから女は」、城茂はキザにそうはき捨てる。

「タックルは女だからダメなんだよ」

息子も得意げに同調した。

しかし、私が子どもだった頃ならばいざ知らず、男女同権の二一世紀に、そんなことを言わせていては、親のしつけが疑われる。これは、はっきりさせておかなければいけないだろう。タックルがよく敵の罠にはまってしまったのは、何も女性だったからではない。それはテントウムシだったからなのである。

テントウムシにはいくつもの単純な行動様式がある。上へ上へ向かっていくというのもその特徴の一つだ。テントウムシはお天道様（太陽）へ向かって飛ぶことから天道虫と名づけられた。上へ上へと上っていき、先端まで上り詰めると羽を広げて空へ飛び立つ。

しかし、指を上らせて、先にたどりつく前に指を下に向けると、テントウムシはくるりと向きを変えて今度は手の甲の方へ上ってくる。上へ上へと向かう習性がそうさせてしまうのだ。これを繰り返していればテントウムシは決して飛んで逃げることはない。いつまでも指の上を這わせておくことができるのだ。小さなシーソーを作ってテントウムシを乗せると、上へ行けばシーソーが下がり、テントウムシが向きを変えて逆に上り出せばシーソーの反対が下がって、テントウムシはシーソーから逃げ出すことができない。

黒い線に沿って歩くという習性もある。紙にマジックで線を書いて迷路を書くと、テントウムシは線に沿って歩いていく。円を描いておけば、いつまでも円周の上を歩いている。テントウムシの行動様式はこのようにごくごく単純である。簡単なシーソーや紙に書かれた線の上から逃げ出すことさえできないのだ。

いうまでもなく、タックルはテントウムシである。テントウムシが子どもだましのこんな簡単な罠に引っ掛かるのだから、タックルが手の込んだブラックサタンの罠にかかってしまうのも、無理はないと言えるのではないだろうか。

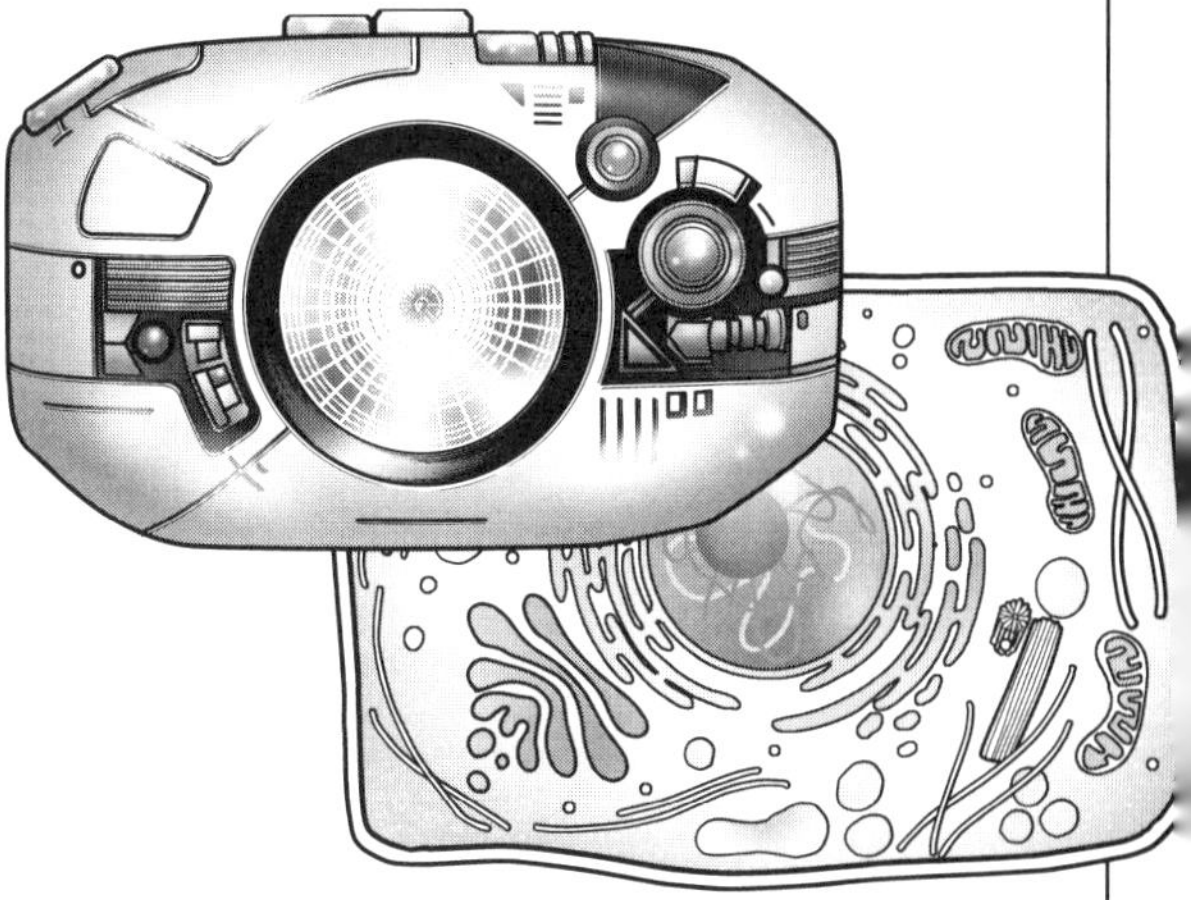

第3章

科学の心を持つ子どもたちへ

スカイライダー

仮面ライダースーパー1

仮面ライダーＺＸ

仮面ライダーブラック

仮面ライダーブラックＲＸ

スカイライダー

ハンググライダーで飛行中だった筑波洋は、ネオショッカーに追われる志度敬太郎博士を救出しようとして、逆に瀕死の重傷を負わされてしまう。彼の命を助けるために、志度博士はやむなくネオショッカーの下で彼に改造手術を施すことになったが、脳改造だけは行なわなかった。志度博士とともにネオショッカーを脱走した筑波洋は、スカイライダーとしてネオショッカーと戦うことになる。

スカイライダーは仮面ライダーでは唯一、空を飛行する能力を持っている。マシンはスカイターボ。ウイリー走行で体当たりするライダーブレイクで壁を打ち破って敵のアジトに突入することもできる。

敵はショッカーの残党によって結成された悪の組織ネオショッカー。その狙いは人口爆発を防ぐため、エリート以外の人間を殺害することにあった。ショッカーと同様に動植物の細胞を人間に植え付けた怪人と、戦闘員のアリコマンドが暗躍する。謎に包まれたネオショッカーの大首領の正体は、暗黒星雲からやってきた巨大な宇宙怪獣だった。

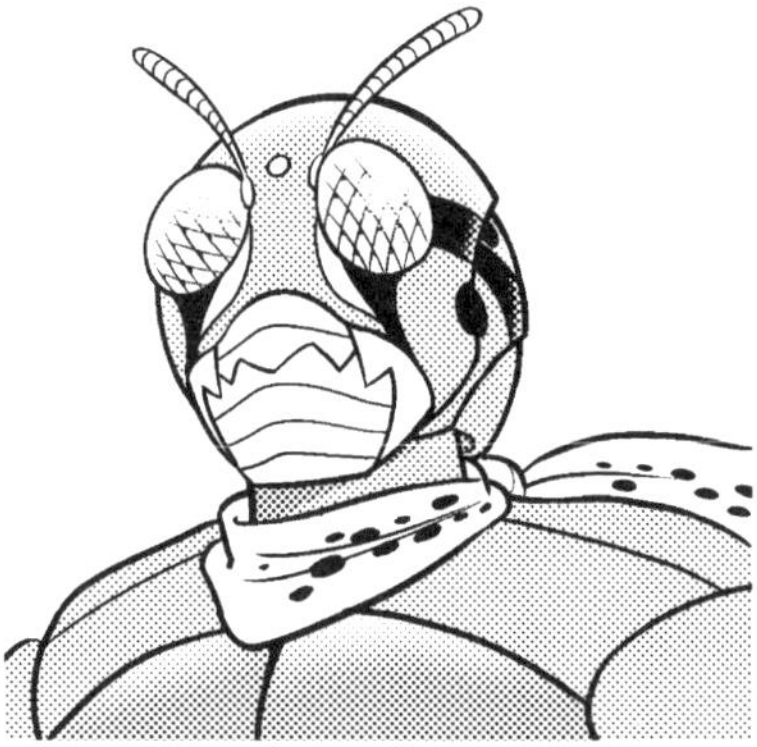

ライダーになれなかった悲運の実力者

子どもたちとバッタの追い込み漁というのをやったことがある。

草むらの向こうから、何人かで歩きながらバッタを追い込んで、こちら側で待ち伏せした人が、どんどんつかまえていくというものである。この方法だと、いろいろな種類のバッタを一度につかまえることができる。

バッタばかりでなく、キリギリスなどの鳴く虫がつかまることも多い。

アリとキリギリスのイメージから弱々しいイメージもあるキリギリスだが、その実はなかなか手強い。キリギリスを手で持つときには、気をつける必要がある。肉食で性格の獰猛《どうもう》なキリギリスに噛みつかれると相当痛いからだ。もし、キリギリスが仮面ライダーのモチーフになったとしたら、口はクラッシャーとして強力な武器となったことだろう。

ジャンプ力はバッタに劣るものの、足も太く力強い。これならば強力なキックを繰り出すことができるだろう。さらには、鋭いトゲで武装されていて見かけも相当に強そうである。

仮面ライダーのモチーフであるトノサマバッタがスマートなイメージであるのに対し、キリギリスは野蛮さにあふれていて荒々しい感じである。

しかし、キリギリスが仮面ライダーになり得なかったのには重要な理由がある。実はキリギリスは、仲間の鳴き声が聞きやすいように足に耳の鼓膜がついているのだ。これは仮面ライダーとしてはまことに都合が悪い。

キリギリス型ライダーが自慢の足でライダーキックを繰り出したとしたらどうだろう。人並みはずれた聴力を持つ耳の鼓膜に、ものすごい衝撃を自ら受けてしまう結果になってしまうのである。

スカイライダーののどちんこ

「これは何?」

子どもたちが、バッタ追い込み漁の獲物の中から、少し感じの違うバッタをつかまえた。イナゴである。イナゴは稲を食べる害虫で、昔は田んぼのイナゴをつかまえることが子どもたちの大切な仕事だったという。しかし時代は変わり、今ではイナゴもすっかり珍しい存在になってしまった。子どもたちがわからなかったのも無理はない。

イナゴはスカイライダーのモチーフとなった昆虫である。確かにイナゴの顔をよく見るとスカイライダーの顔によく似ている。

「バッタとどこが違うの?」子どもたちが聞いてきた。こういう質問は一番困る。何しろイ

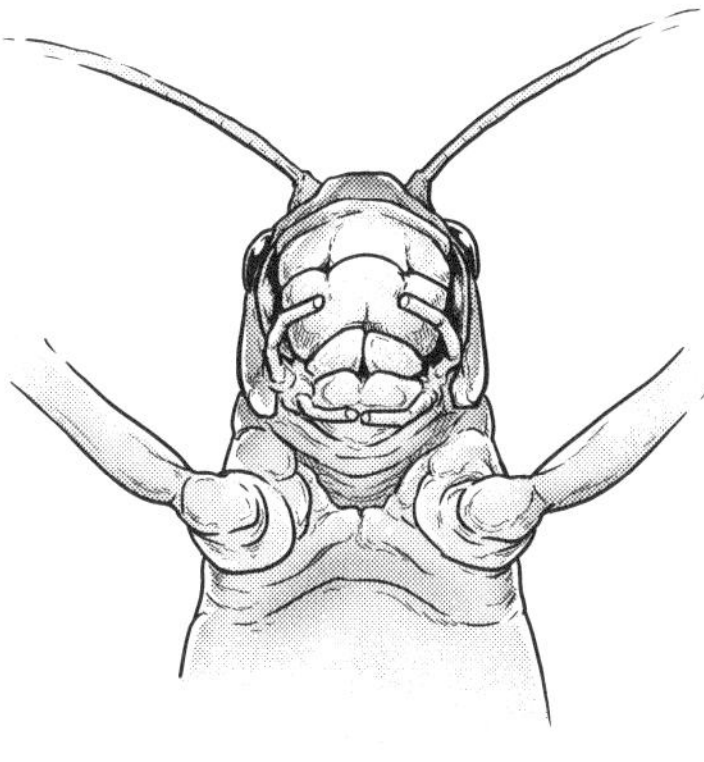

バッタ
前足のつけ根に「のどちんこ」がない

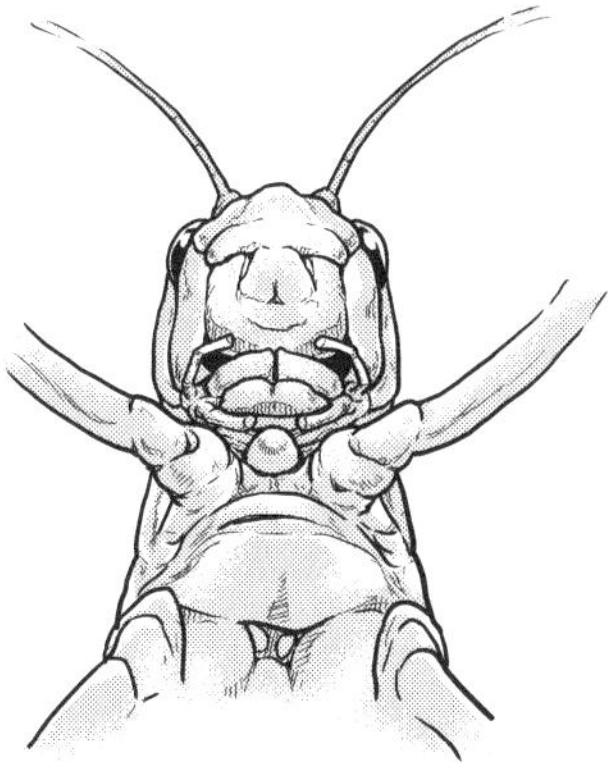

イナゴ
前足のつけ根に「のどちんこ」がある

ナゴとバッタは全然違うではないか。「どこが同じなの？」とこちらが聞き返したくなるくらいだ。

人気アイドルグループのメンバーの顔はどこで見分けるの？　と聞かれても返答に困るだろう。知っている人にとってはまったく違う顔である。しかし知らない人にとっては、みんな同じ顔に見えるのも、また事実なのである。

ところが、幸いなことにバッタとイナゴとは決定的な見分け方がある。それがのどちんこである。イナゴは顔の下の、前足の付け根の部分に突起がある。これが、俗にいうイナゴののどちんこである。こののどちんこがあるのが、バッタ目イナゴ科の昆虫の特徴である。一方のバッタ目バッタ科には、のどちんこはない。

それならば、スカイライダーにも、のどちんこはあるのだろうか。これは謎である。しっかりと首にまかれたマフラーで喉元を隠されてしまっているのだ。機会があれば、マフラーを取って調べてみたいものである。

スカイライダーはなぜ飛ばなくなったのか

スカイライダーは仮面ライダーの中では唯一、空中飛行が可能である。

しかし、スカイライダーのモチーフであるイナゴは、実際には田んぼにいるだけで、遠くまで飛ぶことはできない。スカイライダーのように、遠くまで飛ぶことができるのは仮面ライダー1号のモチーフとなったトノサマバッタである。トノサマバッタはその筋力もさることながら、体内にエネルギー源となる脂肪分を多く蓄えているので、長距離の飛翔が可能なのだ。

大群をなして飛来し、農作物を食い荒らすバッタは、古来、蝗（イナゴ）の大群と表現されてきた。しかし、それは田んぼにいるイナゴではなく、正確にはトノサマバッタである。

恐ろしい「蝗」の話は、中国から日本にも伝えられた。しかし、田んぼの多い日本では、被害の大きい大害虫はトノサマバッタよりも、イナゴの方だった。そのため、蝗という場合、イナゴとトノサマバッタが混同されてしまったのである。

スカイライダーは正確には「イナゴ」ではなく、「蝗」をモチーフとしているということだろう。つまり、イナゴの外見とトノサマバッタの能力を併せ持っているのである。

ところがである。

「スカイライダーは特訓をしてから飛べなくなったんだよ」

息子がそう教えてくれた。

実は、飛ぶ能力を持っているはずのスカイライダーは、番組中盤からまったく空を飛ばなくなってしまったのである。

仮面ライダーが飛ぶということが、視聴者に受け入れられなかったための路線変更であるともいわれている。しかし、命を懸けて悪と戦っているスカイライダーが、本当にそれだけの理由で戦闘スタイルを変えてしまうのだろうか。昆虫学はこの謎に答えを出せないのだろうか。

飛ぶべきか飛ばざるべきか

注目したいのは、スカイライダーが特訓によって、それ以降、めっきり飛ばなくなったという点だ。スカイライダーは七人の先輩ライダーとの特訓によってパワーアップに成功した。しかし、それと引き換えに飛ぶ能力を失ってしまったかに見えるのである。

昆虫が羽を持っていて飛ぶことができるのは、当たり前のようにも思えるが、実は飛ぶことは昆虫にとってものすごいエネルギーを必要とする。小さな体の昆虫が持つことのできるエネルギーの量は決まっているので、飛翔能力を高めれば、その分だけ他の能力を削らなければいけない。逆に飛ぶことをあきらめれば、その分だけエネルギーを他の能力に回すことができる。エネルギーをどの能力に振り分けるかというエネルギーの分配は、昆虫にとって

は大問題なのである。

水面をすいすいと泳ぐアメンボは、同じ種類でも羽の長いタイプから、羽のほとんどないタイプまで様々である。羽の長いタイプは飛ぶ能力が高い。水が干上がりそうになるとどこへでも飛んでいくことができる。羽のないタイプは飛ぶことができない。しかし、エネルギーをより多く卵の生産に振り分けることができる。池や湖のように水が干上がる心配がなければ、飛ぶタイプよりも多くの子孫を残すことができるのである。

アブラムシも同じ種類の中に羽のあるタイプと羽のないタイプがいる。羽のあるタイプは遠くまで飛んでいって子孫を残す役割を果たしている。ただし、飛ぶために多くのエネルギーを必要とするので、多くの子孫を残すことはできない。一方の羽のないタイプは、飛ぶことができないので分布を広げることはできない。しかし、その場所で多くの子孫を残すことができる。

飛ぶか、飛ばないかは昆虫にとって大きな問題である。だから、同じ種類でも飛ぶ能力を高めたり、逆に飛ぶ能力をなくしたりして、様々な試行錯誤をしているのである。

スカイライダーが飛べるということは、他の仮面ライダーにはない特殊な能力だった。しかし、怪人との戦いが空中戦になることはほとんどないから、飛翔能力を持っただけの効果はなかったのだろう。しかも、飛ぶ能力を持っているということは、それだけ戦いに必要な能力は抑えているということに他ならない。だから、スカイライダーは戦いの能力をパワーアップし、飛ぶ能力をなくすエネルギー分配を選んだのである。

バッタ型ライダーの体色

スカイライダーがパワーアップし、飛べなくなったのに伴って、体の色が暗い緑色から、鮮やかな明るい緑色に変化したことが指摘されている。これは何を意味するのだろう。

トノサマバッタも飛ぶタイプと飛ばないタイプがいる。遠くまで飛ぶタイプのトノサマバッタの体色は黒い、飛ばないタイプは明るい緑色である。子どもたちが草むらで追いかけるトノサマバッタは遠くまでは飛ばないタイプの緑色である。そして、仮面ライダー1号で紹介した黒雲のように遠くから飛来するトノサマバッタは飛ぶタイプの濃い黒色なのである。

つまり、スカイライダーの黒色から緑色への体色の変化は、まさに飛ぶタイプから飛ばないタイプに変身したことを物語っているのである。

ただし、自然界ではトノサマバッタの体色が変化するのには、ある条件が必要である。それが密度である。餌が十分にある時、トノサマバッタは遠くまで飛ぶ必要がない。広々とした草原で一生を終えればいいのだ。この状態でトノサマバッタは緑色である。このタイプは孤独相と呼ばれている。

ところが、干ばつなどで餌がなくなると、少ない餌を求めてトノサマバッタは集まり、密集する。密度が高くなると、トノサマバッタの体色は黒くなり飛ぶタイプに変身するのだ。そして、新たな大地を求めて群れとなって飛び立つのである。このタイプは群生相と呼ばれている。群生相のトノサマバッタは、顔も四角になり、性格も凶暴になる。まさに暴徒と化して餌を探すのだ。

スカイライダーは、もともとネオショッカーで改造を受けた。改造手術を執刀したのは志度博士だが、改造を指示したネオショッカーはおとなしい孤独相ではなく、凶暴な群生相の能力を組み込むことを強く要求したことだろう。ましてやネオショッカーの目的は人口爆発を防ぐために、人類を殺害して人口を減らすことにあった。トノサマバッタの群生相の狂暴さは、過密を回避するための自然の節理である。この能力を付加することに、ネオショッカーは強いこだわりがあったはずである。

だから、登場した時、スカイライダーは黒っぽい緑色だったのである。しかし、飛ばなくなったことで、スカイライダーは明るい緑色に変身を遂げる。それは、群生相から、孤独相への変身に他ならなかったのである。悪の組織を脱出し、孤独な戦いを続けたことも、スカイライダーが孤独相としての性格を身につける助けになったのかもしれない。

孤独相の仮面ライダー

そういえば、仮面ライダー1号もショッカー基地から脱出した初期には黒っぽいマスクだった。しかし、パワーアップして新1号として登場した時、そのマスクカラーは鮮やかなまでの明るい緑色になっていたのである。

この外観の変化を説明するために、本郷猛がわざとショッカーにつかまり、死神博士によるパワーアップの再手術を受けたという説もある。しかし、仮面ライダーは機械で作られたサイボーグではない。体内にメカニックを埋め込まれているとはいえ、バッタと人間を改造した生物なのだ。生物である以上、訓練によって能力が向上したり、環境によって体色が変化したとしてもまったく不思議ではない。

ショッカーから脱出し、一人戦う仮面ライダーは常に孤独だった。この孤独な戦いが仮面ライダーを孤独相に変えた。そうは考えられないだろうか。

孤独な戦いの連続が、仮面ライダーを孤独相に変えた。となると、六人のショッカーライダーはどうなるのだろう。ショッカーライダーとは、ゲルショッカーの作戦に登場した、にせ仮面ライダーである。仮面ライダーを倒す最終兵器として、仮面ライダーと同じ能力を持つ六体のショッカーライダーが作られたのだ。六体のライダーは群れである。にもかかわらずショッカーライダーは、孤独相の明るい緑のマスクカラーである。何よりも、ゲルショッカーがバッタ型改造人間を作る場合、なぜ狂暴な群生相にしなかったのか。現に仮面ライダーも最初は色の黒い群生相として改造されたではないか。

この理由は、ゲルショッカーの作戦による。ショッカーライダーは本物を偽ってライダー隊本部に現れ、立花藤兵衛らを騙そうとする作戦に出た。ところが仮面ライダーは、すでに明るい緑色に変化していたため、ショッカーライダーもそれに似せて孤独相タイプに改造する必要があったのである。もっとも、マフラーやブーツの色がまったく違うにせライダーを見抜けなかった立花藤兵衛らが、微妙なマスクカラーの違いを判別できたかどうかは疑問だが、それは結果論でしかない。

孤独相と群生相はフェロモンでコントロールすることができる。幼虫が高密度で生育すると、糞に混じって空気中に放出されるロカストールというフェロモンの濃度が高まり、そのフェロモンによって群生相のバッタが誕生するのだ。このフェロモンによってショッカーは孤独相型、群生相型のライダーを自由に生み出したのだろう。

進化したアリたち

ネオショッカーの戦闘員アリコマンドはその名のとおりアリである。いわば蟻んこである。なぜネオショッカーは蟻んこを戦闘員として選んだのだろうか。

実は、数ある昆虫の中で、最も進化しているといわれているのが、他ならぬアリである。アリやハチは社会性を発達させ、集団で生きることを選んだ。これは一匹で生きるよりも生存率がかなり高まる。さらに女王を中心に階級を作り、役割を分化している。人類を含む哺乳類が知能を発達させたのに対し、昆虫は本能を高度に発達させた。そして社会性をもったアリやハチは複雑な役割分担の仕組みのすべてを本能でコントロールしているのである。

中でもアリはハチからさらに進化している。すでに紹介したように、飛ぶということは多大なエネルギーを必要とする。このためアリは、女王アリと雄アリが結婚飛行をして分布を広げる時以外は、羽をなくしてしまったのである。集団生活と地中生活という生活様式が、敵から逃れるための無駄な羽を省くことを可能にしたのである。

蟻んこと馬鹿にすることなかれ、アリは無脊椎動物の進化の頂点にあるのである。人類とアリとはまったく違う道ながら進化の頂点を極めた双璧《そうへき》なのである。

人間が他の野生動物を圧倒しているように、昆虫界ではアリの強さも他を抜きんでている。

人間を震え上がらせるアシナガバチやスズメバチでさえ、中空にぶら下がった巣を作るのは、アリに襲われるのを恐れてのことだという。巣の付け根にアリの忌避物質を塗っているハチさえいるくらいだ。シロアリの中に巨大な牙を持つ兵隊アリがいるのも、アリの攻撃を避けるために進化したといわれている。

群れをなして行進する軍隊アリも有名だろう。餌を求めてさまよい歩く軍隊アリが通った後は、食料はすべて食べ尽くされ、家畜さえ食べられて骨にされているほどである。軍隊アリの行進の前には、人間さえも避難することしかできないのだ。

ネオショッカーの戦闘員アリコマンドはそのアリの改造人間である。アリゆずりの統率のとれた集団の行動力。これが訓練や命令を必要としない本能によるものなのだから、戦闘員としては極めて優れていると言えるだろう。

さらにその戦闘能力も無視できない。アリは意外に好戦的で、縄張りや餌をめぐって他巣のアリと常に争っている。さらに、その争いも互いに殺し合う激しいものなのだ。まさに戦闘員のモチーフとして、これ以上の昆虫があるだろうか。

ところで、チルチルとミチルの『青い鳥』の著者として有名なメーテルリンクは、アリの生態を記した著書『アリの生活』の中に不可解な言葉を残している。

「アリは、この地球外から来たのかもしれない、唯一のものである」

ネオショッカーの大首領の正体は、暗黒星雲からやってきた巨大な宇宙怪獣であった。また、ネオショッカーは映画『仮面ライダー　8人ライダーVS銀河王』で宇宙のコンピュータ生命体である銀河王と結託している。もし本当にアリが宇宙生物だったとしたら……。ネオショッカーが戦闘員としてアリを選んだのはごく自然なことと言えるだろう。

本当にアリは宇宙からやってきたのだろうか。深い謎を残したまま、メーテルリンクはすでに没してしまった。さらには、ネオショッカーさえも滅んでしまった今、その謎を解く手がかりはすべて失われてしまったといってよい。残された謎を知ってか知らずか、地球に暮らすアリたちは今日もせっせと働き続けている。

アリの滅私奉公

アリは集団を維持するためにその身を犠牲にすることをいとわない。働きアリは仲間のために餌を運び、餌を分け与える。兵隊アリは敵が襲ってくればその身を犠牲にして巣を守る。ミツツボアリというアリには蜜を蓄える役割の働きアリがいる。そのアリは巣の天井にぶらさがって、仲間が集めてきた蜜を腹の中にためていくのである。動くことなくじっと蜜壺《みつつぼ》の代わりをして一生を終えるのである。

「歩く爆弾」とあだ名されるアリもいる。このアリは敵に襲われると自ら腹をしぼって破裂してしまう。そして、黄色いネバネバした液を撒き散らし、敵を動けなくしてしまうのである。自らの命と引き換えに、仲間を守るのである。

これらのアリたちは集団を維持するためだけに、その身を犠牲にして一生を終えるのである。涙ぐましい限りである。

アリコマンドは改造されているから、ネオショッカーのために自らを犠牲にすることは理解できる。しかし、脳改造されていないアリたちが、なぜこのように自己犠牲的な行動をすることができるのだろう。

人間を含め、すべての生き物の中にある遺伝子は、自分の遺伝子の繁栄にとって利己的な行動をすることが、リチャード・ドーキンスの著書『利己的な遺伝子』の中で明らかにされた。

つまり、すべての生物は種の繁栄などという利他的なことは考えず、自分の遺伝子の繁栄だけを考えて利己的な行動をとるのである。そうだとするとアリたちのこの自己犠牲的な行動はどう説明できるのだろう。

自分の遺伝子をどれだけ共有しているかという確率を血縁度という。自分の子どもは血縁度五〇パーセントである。つまり、自分の遺伝子を半分くらい持っている。自分の子どもをかわいく感じるのも、自分の子どもを保護することが自分の遺伝子の繁栄につながるからである。すべては遺伝子のコントロールによるものである。人間の場合は兄弟姉妹でも五〇パーセントとなる。

ところがアリは違う。一般に生物は対になる染色体を持つが、雄アリはその片方しか持っていないのである。この特殊な仕組みのために、自分の子どもの血縁度が五〇パーセントであるのに対し、姉妹の血縁度は七五パーセントになるのである。

働きアリたちはすべて一匹の女王から産まれた姉妹である。つまり働きアリにとっては自分の子どもを残すよりも、姉妹である集団を維持し、その姉妹の中から女王を誕生させて子孫を残した方が、より遺伝子にとっては有利なのである。だから巣を守るために、自らの命をも犠牲にすることができるのだ。

自分の意思で動いているようでも、実は利己的な遺伝子によって支配され、遺伝子にとって有利になるように動かされているだけなのだ。ネオショッカーの脳改造も顔負けの遺伝子によるコントロールである。

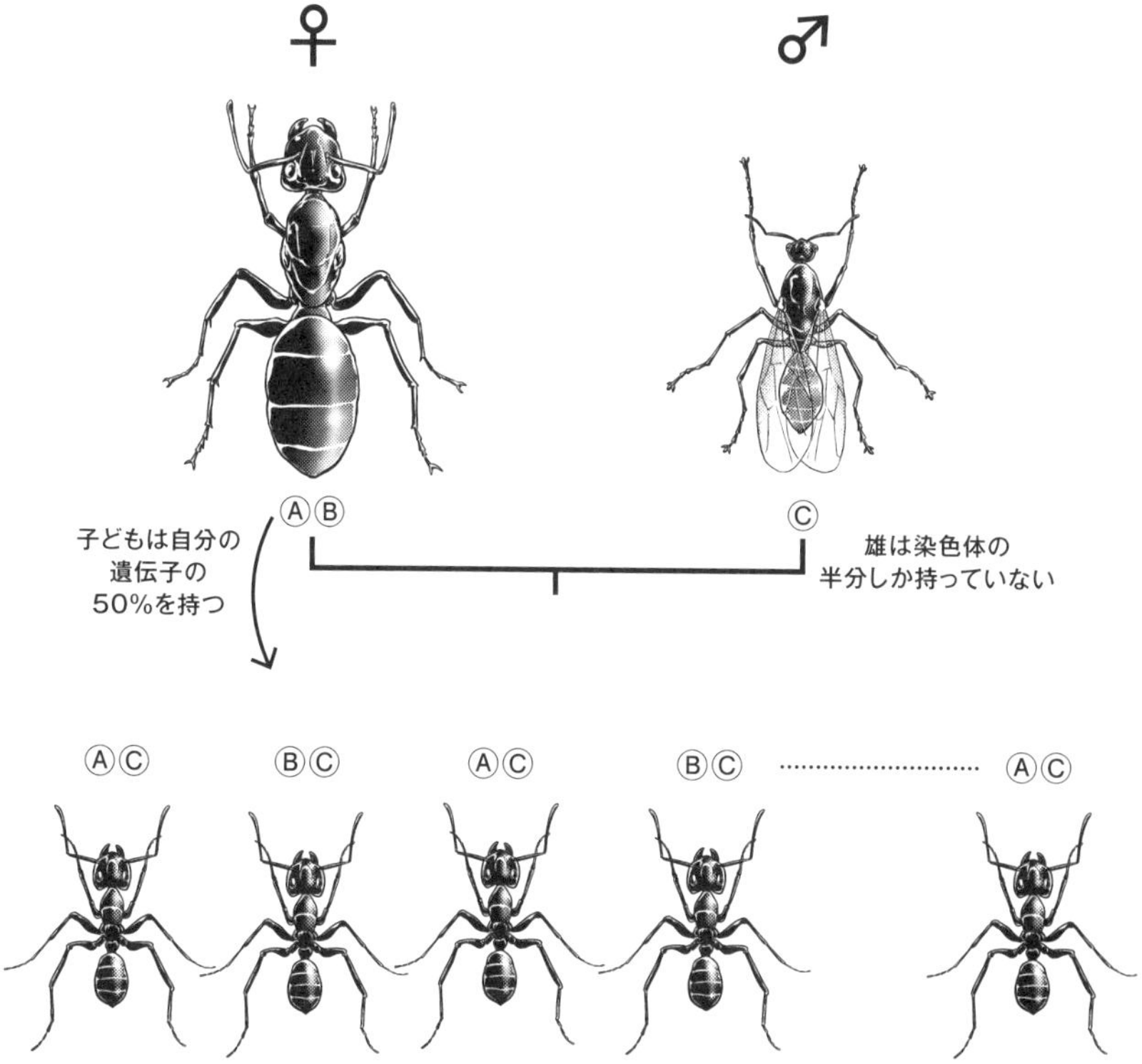

ACのアリにとって
姉妹の半分ACは自分と
100%同じ遺伝子を持つ

残り半分のBCは自分の
遺伝子の50%を持つ

‖

アリの雌(働きアリ)は自分の子どもより
姉妹の方が血縁度が高くなる

哀しきがんがんじい

あなたは、がんがんじいを覚えているだろうか。

「ガンガンガラガンガン　ガンガンガンガンガン」

軍艦マーチならぬ、がんがんマーチにのってやってくる正義の戦士。自称「その名も高きがんがんじい様」である。いつもヘマだらけのユニークなダメ戦士。がんがんじいは仮面ライダーシリーズには異色のキャラクターである。

私はがんがんじいのことをすっかり忘れていた。息子の持っている本に登場しているがんがんじいの勇姿を目にした時、私はそのなつかしさとともに、久しく忘れかけていた少年時代の記憶をありありと思い出した。

スカイライダーの引き立て役としてユーモラスな道化師として登場しているがんがんじい。しかし、大人になってあらためて見てみると、何度も何度もコテンパンにやられても、それでもなお強敵に立ち向かっていく姿に感動を覚えずにいられない。決して強いヒーローではない。しかし、がんがんじいの勇姿は戦うことを忘れた疲れた大人たちに、多くのことを教えてくれる。誰ががんがんじいの勇姿を笑うことができるだろう。

閑話休題。ところで、このがんがんじいにモチーフなどあるのだろうか。その外観から、が

日本一が

んがんじいのモチーフはゴリラではないかと思う方も多いだろう。ところが、実はがんがんじいならぬガンガンモーと呼ばれている昆虫が存在する。それは、タガメである。岡山県にはタガメのことをガンガンモーと呼ぶ方言があるのだ。

さらにタガメはカッパ、ガタローなど全国各地でカッパになぞらえた呼び名で呼ばれている。そういえば、がんがんじいの顔はゴリラというよりもどことなくカッパに似ている。もしかすると、がんがんじいのモチーフは、ガンガンモーことタガメなのではないだろうか。

タガメは水生昆虫の中では最も大型で、その太い腕でがっしりと獲物をとらえる。魚やオタマジャクシ、カエルなど、水中に暮らすあらゆるものがタガメの餌食になってしまう。時には人を刺すことさえある。まさにタガメは無敵の王者なのだ。がんがんじいの背中にはためく「日本一」ののぼりも伊達ではない。

しかし、その王者タガメも今や絶滅の危機に瀕している。田んぼに使われる農薬が彼らの命を奪ってしまったのである。

到底かなわぬ相手に、やられてもやられても立ち向かって行くその姿は、強大な力を持つ人間に滅ぼされながら、必死に生き抜いている水中の王者タガメを思わせずにいられない。願わくは、やられてもやられても懲りずに登場する不死身のがんがんじいのように、タガメもいつまでもいつまでも私たちの前に姿を見せてもらいたいものだ。

仮面ライダースーパー1

国際宇宙開発研究所で、ヘンリー博士による改造手術を受けて、惑星開発用改造人間「スーパー1」となった沖一也。しかし、ドグマ王国によってヘンリー博士は殺害され、研究所も破壊されてしまう。日本に帰国した彼は、赤心少林拳の修行によって変身の極意を得て、仮面ライダースーパー1としてドグマに戦いを挑むことになった。

惑星開発用に装備されたスーパーハンド、エレキハンド、冷熱ハンド、パワーハンド、レーダーハンドの五つの能力を持つファイブハンドは武器としても威力を発揮する。マシンはオンロード用の高速マシン・Vジェットとオフロード用のブルバージョン。

スーパー1の敵となったのは、優れた人間だけを残して無能な人間を抹殺しようと企んだドグマと、地球を支配し宇宙侵略の基地にしようとしたジンドグマ。ジンドグマを壊滅させた後、スーパー1は惑星開発用ロケット「ジュピタースーパー1号」で果てしない宇宙への旅に出た。

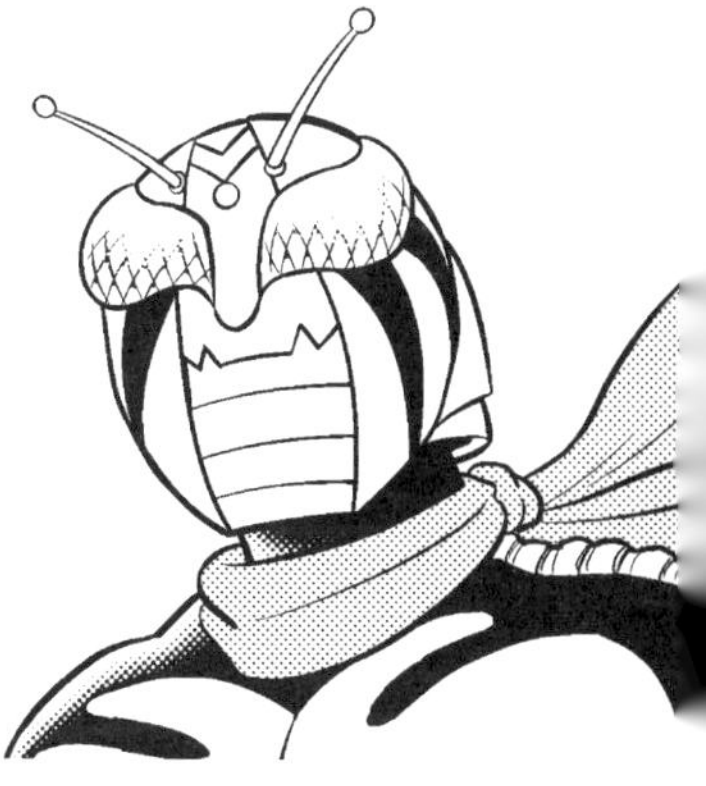

ヘンリー博士の健康の秘訣

雑木林で遊ぶときには、マムシやムカデなど気をつけなければならない生き物がいくつかある。中でも恐ろしいのはスズメバチである。毎年、何人もの人がスズメバチによって命を落としているように、その殺傷能力は非常に高い。

仮面ライダースーパー1のモチーフは、この世界最大にして最強のハチ、スズメバチである。その攻撃能力と毒性の強さも他に類を見ない。人間ばかりではない。ほとんどの昆虫という昆虫はスズメバチの餌になってしまう。コガネムシやカミキリムシなど固い装甲で守られた甲虫も、簡単に噛《か》み砕いて肉団子にしてしまう。多くの昆虫に恐れられている大きなクモでさえも、スズメバチの餌になってしまうくらいなのだ。まさに最強の昆虫と言っていい。

しかし、スーパー1は惑星開発用改造人間である。平和利用が目的だから、まさか殺傷能力を期待してスズメバチをモチーフに選んだわけではないだろう。

ヘンリー博士は過酷な宇宙の環境に耐えるため、スズメバチの強い生命力に着目したといわれている。スズメバチの攻撃力の強さはよくわかるが、生命力の強さとは何なのだろう。

「スズメバチの地獄漬」という逸品がある。これはスズメバチを冷凍庫に入れて動けなくなってから、蜂蜜や酒に漬け込むのである。生命力の強いスズメバチは蜂蜜や酒の中で息を吹き返し、暴れながら命を落としていくのだ。スズメバチのエキスがしみだした地獄漬は強壮剤として珍重されている。最近では、スズメバチのエキスを取り出したスズメバチドリンクも栄養剤として売られている。

また、マラソンの高橋尚子選手も愛飲しているスポーツドリンク「ＶＡＡＭ」はスズメバチのスタミナ源であるアミノ酸を配合したものだ。スズメバチの生命力は滋養強壮やスタミナ剤として人間の役に立っているのである。

不眠不休の研究活動を続けるヘンリー博士ももしかすると、このスズメバチの地獄漬を愛飲していたのかもしれない。そして東洋の神秘と高く評価していたのではないだろうか。

スズメバチの兵器

スーパー１は五つの能力を持ったファイブハンドを持っている。スーパーハンド、パワーハンド、冷熱ハンド、エレキハンド、レーダーハンド、様々な能力を持つこの五つの腕を巧みに使い分けて戦うのである。

実は、スーパー１に負けず劣らずスズメバチの毒針も三通りの使い方がある。

一つは威嚇用である。空中を飛びながら毒針をちらつかせて相手を威嚇する。

二つ目は、警報物質の発散である。毒針の先端から毒液を霧状に発散させる。この飛び散った毒液は味方に緊急事態を知らせる役目も果たしている。

三つ目が攻撃用である。針は注射針のようになっていて、相手に毒針を刺しこんで、毒を注入する。

このようにスズメバチは、一つの針をいくつもの用途に使い分けながら、敵を攻撃するのである。

しかし、スズメバチの高い能力に目をつけたのはヘンリー博士だけではない。スズメバチの高い攻撃力は古くから生物兵器として使われているのである。

日本では、合戦のときに大量のスズメバチを使って敵陣を攪乱《かくらん》する作戦が行なわれたというし、中世ヨーロッパでは城の中にスズメバチを飼っていて城壁の上から敵に巣ごと投げつけたという。さらに、近年ではスズメバチはベトナム戦争のゲリラ戦にも用いられている。スズメバチは古今東西を通じて広く兵器として活用されてきたのである。そして、この兵器としてのスズメバチは、二〇世紀末の一九八〇年にスーパー1が完成したことによって、一つの至高に達するのである。

ただし、スーパー1はたれ目の他の仮面ライダーとは異なり、きついつり目を持ちながら、どこか貴婦人を感じさせるような女性らしい上品な顔立ちをしている。スズメバチでは、高い攻撃能力を持つ女王バチや働きバチなど高い攻撃能力を持つのはすべてメスである。スーパー1がスズメバチをモチーフとしている限り、それは致し方ないことだろう。

赤い戦闘員

ショッカー、デストロン、ゴッド、ブラックサタン、ネオショッカーなど悪の組織の戦闘員はほとんどが黒を基調にした配色となっている。それはそうだろう。人に気づかれず暗躍する悪の組織の戦闘員が目立つ恰好では役に立たない。闇《やみ》に紛《まぎ》れるような黒がもっとも適しているのである。

しかし、スーパー1に登場するドグマの戦闘員ドグマファイターはなぜか赤いボディである。これはなぜだろう。

スズメバチは色によって攻撃の度合いが大きく変わる。スズメバチがもっとも攻撃してくるのは黒色である。これは天敵である熊に対抗してきたためともいわれている。帽子をかぶっていないとスズメバチに襲われやすいのは、黒い髪の毛がスズメバチの攻撃目標となるからである。スーパー1はスズメバチの改造人間である。もし、スーパー1がスズメバチの特徴を持っていれば、黒色の戦闘員は危険なことこの上ない。

逆にスズメバチが襲ってこない色は白色である。白い服や白い帽子を身につけていればスズメバチの攻撃を避けることができる。とはいっても、暗躍すべきドグマの戦闘員が白色では、闇の中で目立ってまるで役に立たない。それでは、暗い中でスズメバチに見えにくい色となると、実は赤色がそうなのだ。スズメバチの巣を除去する時には、懐中電灯に赤いセロファンをしておけば、スズメバチには気づかれない。

ドグマは、スズメバチの能力を備えた惑星開発用改造人間を奪おうと国際宇宙開発研究所を襲った。まさにスズメバチの巣をとりにいくようなものだ。赤色を基調としたドグマの戦闘員のボディは、まさにスズメバチの防護服として効果的な配色なのである。まさか、その改造人間が仮面ライダースーパー1となって自分たちの敵として立ちはだかるとは思いも寄らなかったことだろう。しかし、結果的にドグマ戦闘員は赤い戦闘服のまま戦い続けることになるのである。

ドグマ戦闘員が目をしっかりと防御するゴーグルをしていることも、いかにもハチ対策を思わせる。ショッカーの戦闘員が目だけを露出させたマスクをしているのと比べると実に対照的ではなかろうか。

また、ドグマの帝王テラーマクロ直属の親衛隊員もしっかりと赤いマントをしている。このマントでスズメバチを払おうという考えなのだろう。さらにボディはスズメバチに襲われ

にくい白金色の配色である。

ドグマが滅んだ後、世界征服の野望を継承したジンドグマの戦闘員ジンファイターに至っては、さらにしっかりとハチ対策が強化されているようである。ドグマ戦闘員がゴーグルで目を保護しているのに加えて、ジンドグマの戦闘員は顔全体が銀色のマスクでしっかりと保護されているのである。過剰な対策にも思えるが、恐らくはスーパー１に幾度となく痛い目を見た経験が、彼らをそうさせたのだろう。

Ｖジェットの体感速度

息子の持っている本に、仮面ライダーのバイクの速度が紹介されていた。

１号のサイクロンは時速四〇〇キロ、これは新幹線よりはるかに速い。Ｖ３のハリケーンは時速六〇〇キロ、これはちょっとした飛行機並みである。さすがに仮面ライダーの乗るマシンは速い。やはり、ヒーローの乗るマシンはこうでなくてはいけない。

ライダーが代を重ねるに連れて、マシンの性能も上がり、速度はどんどんアップしていく。そして、九代目のスーパー１のマシン、Ｖジェットになると、何と時速一三四〇キロである。これはもう音速を超えている。飛行機のように外気を遮断された乗り物ならばともかく、Ｖ

V-MACHINE

ジェットは運転者が向かい風をまともにうけるバイクである。いくらライダーの乗り物とは言え、これはあまりにも速すぎないだろうか。

スーパー1はスズメバチをモチーフとした改造人間である。それでは本物のスズメバチはどれくらいの速さで飛ぶのだろうか。スズメバチの飛ぶ速度は時速二〇キロである。そんなに速くない。飛行機どころか自動車の徐行くらいの速度である。

しかし、考えてほしい。ハチは体が小さい。スズメバチの体長は三~四センチである。スーパー1の身長は一八五センチ。体長三センチのハチが時速二〇キロで飛ぶ感覚を身長一八五センチに置き換えるとどうなるだろう。スズメバチの体長を三センチで計算すると、スーパー1の身長はスズメバチの体長の約六二倍である。そこで時速二〇キロを六二倍すると一二四〇キロ。何とVジェットの速度とほとんど変わらないのだ。

Vジェットは決して速すぎることはない。スーパー1にとっては、スズメバチが時速二〇キロで飛ぶのと同じ程度の体感にすぎなかったのである。

子どもたちとともに

スーパー1のエンディングは、他のライダーに比べてずいぶん違った印象がある。

み　み　みんなで輪をつくれ
み　み　みんなで戦おう
ひとりひとりは　ちいさいが
ひとりの力は　ちいさいが
みんなで　手を組め　輪をつくれ
世界の仲間と　輪をつくれ

歴代のライダーたちが、改造人間としての悲しみを背負った孤独なヒーローだったのに対し、どこか和気あいあいというか、協調性に満ちあふれている感じである。この違いは何なのだろうか。

他の仮面ライダーたちが、自分の意思に反して改造された宿命を背負っているのに対し、スーパー1は自ら進んで改造手術を受けたという違いもあろう。

あるいは、ジュニアライダー隊の歌であるという点もある。しかし、スーパー1自身もジュニアライダー隊の子どもたちに対して、事あるごとに「みんなで力を合わせることの大切さ」を説いた。

それに、仮面ライダー1号、2号にだって少年ライダー隊があったし、おやっさんこと立花藤兵衛やＦＢＩ特命捜査官の滝和也などよき理解者たちにも囲まれていた。それでも、仮面ライダーは孤独だったのだ。

　スーパー１のモチーフのスズメバチは社会性を発達させた。女王バチを中心に階級を作り、集団で暮らしている。決して一匹では生きていくことができないのだ。ハチの巣をのぞいてみると、たくさんのハチが忙しそうに力を合わせて働いている。「みんなで手を組め、輪をつくれ」まさにハチの社会をのぞき見るような歌ではないだろうか。

　さらに、スーパー１ではジュニアライダー隊が重要な役割を果たしている。子どもたちを助けるべきスーパー１が、ジュニアライダー隊によって助けられたことも少なくない。沖一也もまた、ジュニアライダー隊を大切にしていた。時には本気で頼りにしているとさえ思えるほどだ。

　これは、沖一也が子煩悩だったからでも、スーパー１が低年齢の子どもを対象とした番組だったからでもない。

　スズメバチは大人と子どもとが助け合って生活している。スズメバチの成虫は、昆虫などを噛み砕いて肉団子にして、幼虫に与えていく。大人が子どもを養うのは、ごく当たり前のことだが、スズメバチはそれだけでは終わらない。驚くことに、成虫がねだると、今度は幼虫が口から栄養価の高い液体を分泌して成虫に与えるのだ。この液体は餌を分解したものである。成虫は、タンパク質の消化酵素を持たないので幼虫からこの液体をもらわないと生きていくことができない。働きバチばかりか女王バチでさえも幼虫から栄養分をもらって生きているのである。これでは、どちらが養ってもらっているのかわからない。

こうして栄養交換をしながら、成虫が幼虫を養い、幼虫が成虫を養うのである。まさにギブアンドテイクである。スズメバチには幼虫の存在が欠かせない。スーパー1がジュニアライダー隊を大切にするのも、スズメバチである限り、しごく当然のことなのである。

何がスーパーなのか

「スーパー1は9号ライダーなのに、なぜ1《ワン》なの？」

息子が聞く。

「一番強いからじゃないの」

妻の答えに私が反論した。

「それならナンバー1だろ」

それに最強者という意味ならば、まさに「ストロンガー」というライダーもいる。

とはいうものの、改めて聞かれてみると私にもはっきりした意味はわからない。「スーパー

1」とはいったいどういう意味なのだろうか。

息子の持っている仮面ライダーの本によると、「スーパー1」とはもともと惑星開発用改造人間プロジェクトのコードネームだったという。それにしても、「スーパー」とはどういうことだろう。スーパーとは「超」という意味である。人を超える超人がスーパーマンであり、車を超える車がスーパーカーであるように、既存の何かがあってそれを超えるとき、スーパーと呼ばれるのである。

それではスーパー1は何を超えているのか。これまでの仮面ライダーを超えた超仮面ライダーなのか。しかし、スーパー1が仮面ライダーと呼ばれるようになるのは谷源次郎と出会ってからである。それならば、これまでの惑星開発用改造人間を超えるものだったのか。しかし、「1」が意味するように、スーパー1は惑星開発用改造人間第1号である。超えるべき既存タイプがないのである。

スーパー1のモデルとなったスズメバチの学名はVespa（ベスパ）である。もしかすると、このベスパの前の部分が略されてスーパーと呼ばれるようになったのではないだろうか。やや強引にも聞こえるかもしれないが、前の部分だけが略されることはよくあることである。横浜は前を略して「ハマ」と言われるし、渡辺という苗字の人は「ナベ」と呼ばれる。

ベスパ型1号と呼ばれていたものが略されて「スパ1」となったとしても、日本語としてそう違和感は感じないだろう。

スーパー1はアメリカで改造されたのに、そんな日本的な省略がされるのか、という批判もあるだろう。確かにスーパー1が改造されたのはアメリカのネバダ州である。ただし、アメリカといっても場所は国際宇宙開発研究所という国際機関である。当然、日本人のスタッフもいたことだろう。事実、スーパー1の手術シーンをよく見ると、ヘンリー博士のまわりには日本人らしいスタッフもいるではないか。もしかすると、日本人研究者が「スパ1」と略して呼んでいるのを、聞き間違えたヘンリー博士が気に入って「スーパー1」と名づけたのかもしれない。

この説を裏付けるような事実もある。同じく国際宇宙開発研究所で開発されたスーパー1のオートバイは、Vジェットという。この「V」とはどういう意味だろうか。一般的に「V」は「Ｖｉｃｔｏｒｙ（勝利）」の略だが、Vジェットは戦闘用ではなく、あくまでも惑星開発用に作られたマシンだから、まさかＶｉｃｔｏｒｙではないだろう。そう考えれば、「V」はやはりスズメバチを意味する「Ｖｅｓｐａ」の頭文字と考えるのが自然である。

ヘンリー博士が亡くなってしまった今、真実は明らかではない。しかし、考えれば考えるほど、スーパー1はベスパ型1号であり、Vジェットはベスパジェットではないかと思えるのだが、いかがだろうか。

仮面ライダーZX（ゼクロス）

UFOを取材するために、姉とともにアマゾンの上空を航行していた村雨良は、バダン帝国のUFOの攻撃を受けてつかまってしまう。改造手術を受けてサイボーグ「ゼクロス」となった彼は、タイガーロイド＝三影英介とともに幹部候補生として訓練を受ける。

しかし、飛行操縦訓練中に事故に遭い自我意識を取り戻した彼は、バダンの手で処刑されかけるが、脱走。バダンへの復讐を誓う。忍者ライダーの異名を持ち、体の各部に様々な武器を装備している。マシンはヘルダイバー。

先輩ライダーたちをバダンの仲間と誤解し、襲いかかるが、歴代ライダーたちが同じ境遇のもとで、人類の自由と平和のために戦いつづけていることを知り、共にバダンと戦うことを決意する。

悪の帝国バダンの総司令官・暗闇大使は、ショッカーの大幹部・地獄大使のいとこ。一瞬ですべてを消滅させることができる兵器「時空破断システム」を使って、日本を壊滅状態にしようと企んだが、ゼクロスと九人ライダーの前に敗れ去った。

ゼクロスの意味するもの

忍者ライダーの異名を持つ仮面ライダーＺＸ（ゼクロス）も、公式のモチーフはないメカニックなライダーである。

ゼクロスはバダンによって改造された。バダンの改造人間はヤマアラシロイド、タカロイド、バラロイド、ドクガロイド、アメンバロイド、トカゲロイド、ジゴクロイド、カマキロイドなど、すべて生物がモチーフとなっている。となるとゼクロスだけが、生物をモチーフに持たないメカニックな改造人間であるとは思えない。ゼクロスもなにがしかの生物をモチーフとしていると考える方が自然である。

一説にはカミキリムシであるともいわれている。ゼクロスのモチーフがカミキリムシか否かははっきりしないが、装甲の固いカミキリムシはゼクロスのイメージによく似ているような気もする。

ゼクロスのモチーフがはっきりしないのは、その名前にある。ゼクロスの名は、バダンを脱走した後に名乗ったものではない。バダンの首領、暗闇大使もまた彼を「ゼクロス」と呼んでいるのだ。ゼクロスとはどういう意味を持つのだろうか。

バダンの他の改造人間たちはほとんどが「○○ロイド」と名づけられている。ゼクロスと同様、幹部候補生として期待されていた三影英介さえ、タイガーロイドと呼ばれていたのに、なぜゼクロスだけが、「カミキリムシロイド」と呼ばれなかったのだろう。

この問題を考える前に、ゼクロスと同じく幹部候補生であったタイガーロイドについて考えてみよう。彼は強大な大砲を背中に背負っている。これは他の改造人間には見られない特権である。しかし、読者の皆さんは、このタイガーロイドに新鮮味は覚えないだろう。なぜなら、生物＋機械は、とうの昔にＶ３に敗れて滅んだデストロンの技術なのだ。

技術というものは一度廃れると、復活させるのは大変なことだ。何百年と続いた伝統工芸や伝統芸能が、どんなに高いレベルにあったとしても、後継者がいなければそれで滅んでしまう。技術というものはマニュアル本や博物館で残せるようなものではない。

バタンも同じ悩みを抱えていたことだろう。高いレベルにあったデストロンの技術を伝えるものはない。あったとしても文献やわずかな生き残りの断片的な技術にすぎなかったろう。しかし、バタンは苦難の末、デストロンの技術を復活させた。そして、期待を込めてその技術を用いたのがタイガーロイドなのではなかろうか。

ただし、復活させたとはいってもデストロンの技術には程遠い。大砲バッファローやテレビバエに見られるように機械と生物とが見事に融合したデストロンの怪人と比べると、タイガーロイドは虎に大砲を背負わせただけという、陳腐なものである。

それでは、ゼクロスはどうか。実のところ、ゼクロスはゲルショッカーの技術の復活によって作ろうとしたのではないかと思うのである。生物をモチーフに作られた数々のバタンの改造人間から、バタンはショッカーの技術については復活させていたと推察できる。しかし、ゲルショッカーの改造は生物＋生物の融合という、さらに高度な技術を必要とするのである。

ゲルショッカーの技術

生物＋生物の融合を考えた場合、二つのケースがある。例えば、「魚＋人間」を例に考えてみよう。まず考えられるのは体の一部分が魚で一部分が人間という融合である。この例は人魚である。人魚は上半身が人間で下半身が魚である。もう一つは魚と人間の中間の新しい生物である。これは半魚人である。半魚人は魚と人の特徴を持ちながら、魚でもなく人でもない新しい特徴を持った生物である。

人魚のようにいくつかの生物のパーツをつなぎあわせた生物はキメラと呼ばれている。キメラとは、もともとギリシャ神話に登場する想像上の怪物で、顔がライオンで、胴体は羊、しっぽが蛇の合体生物である。

ゲルショッカーの改造人間を思い出してみよう。例えば、イソギンジャガーは体がジャガーだが口がイソギンチャクである。ネズコンドルはネズミの頭とコンドルの翼を持っている。このように、ゲルショッカーの技術で作られる「生物＋生物」の改造人間はキメラなのである。

しかし、キメラを作ることは技術的にかなり難しい。そこで次に考えられるのが半魚人タイプの融合である。これは通常、雑種として作り出される。種類の違う生物同士で交雑を行なって子を作るのである。この方法は現実的である。この異種間の交雑で新しい生物を作る雑種作出は私たち人間の技術レベルでも行なわれている。ロバとウマを掛け合わせたラバやライオンとヒョウを掛け合わせたレオポンなどがそれである。植物ではハクサイとキャベツの雑種ハクランや、オレンジとカラタチの雑種オレタチなどが有名だろう。

ただし、この方法では、分類学的に近縁の生物同士でないと雑種はできない。ゲルショッカーのヒルカメレオンやクモライオン、イソギンジャガーのような発想豊かな組み合わせは不可能なのだ。

しかし、ゲルショッカーの高い技術の復活が果たせないバタンは、代替法として雑種を作るしかなかったのではないだろうか。そして、デストロン怪人を真似てタイガーロイドが作られ、ゲルショッカー怪人に代替する技術でゼクロスが作られたのではないだろうか。

パーツ+パーツ型（キメラ）の例

掛け合わせ型（半魚人タイプ）の例

ゼクロスの名に隠された謎

こう考えるのには、理由がある。どうしてもゼクロスの名前が引っかかるのである。他の改造人間は名前にロイドがつくのに、なぜゼクロスだけがそう呼ばれていたのか。そして、仮面ライダーXやブラックRXは「X」をエックスと読むのに、ゼクロスだけがなぜ、クロスと発音するのか。

昆虫でも自然界で雑種ができることが希《まれ》にある。チョウやトンボでは異なる種同士の雑種が時々見つかっているし、ゼクロスのモチーフともいわれるカミキリムシでも雑種が発見されている。

雑種は英語ではクロスやハイブリッドと呼ばれるのが一般的だ。つまりゼクロスのクロスは雑種を意味しているのではないか、と私は考えるのである。

すべての生物種には学名が存在する。しかし、新しく作り出された雑種の生物は正式な生物種ではない。そのため、人工的に作られた雑種は学名に「X」の文字を入れて区別することになっている。「X」は、ある生物と生物を掛け合わせた、つまりはクロスさせたという意味の記号である。

バタンの改造人間の名前は「生物名＋ロイド」である。バタンの幹部、暗闇大使には作られた怪人の資料が渡されるのだろう。ドクガロイドはドクガ、トカゲロイドはトカゲの改造人間と説明されている。しかし、ゼクロスの改造資料には生物名がはっきりと書かれていない。ただ、雑種を意味するXと書かれている。そこで、ゼクロスは単に「The cross（ザ・クロス）」と呼ばれたのではないだろうか。

人間でも、日本人やアメリカ人、ドイツ人など元の人種は細かく区別するのに、混血になると人種にかかわらず単に「ハーフ」と呼ばれてしまうのと同じことだろう。もちろん、「ザ・クロス」のザは、上の歯と下の歯の間に舌を挟み、素早く抜きながら発音する、英語の発音記号「θ」の「th」である。試しに、歯と歯の間に舌を挟んで英語らしく「The cross（ザ・クロス）」と発音してみてほしい。限りなく「ゼクロス」に近く聞こえるだろう。

幹部候補生である三影はデストロンの怪人を真似て、タイガーロイドとなり、村雨良はゲルショッカーの怪人を真似て、ゼクロスとなった。しかし、いずれもゲルショッカーやデストロンの技術にはとてもかなわない不完全なものである。

なぜ、そうまでしてバタンはデストロンやゲルショッカーの技術を使う必要があったのか。理由は簡単である。

○○ロイドと呼ばれる改造人間を見てもわかるように、バタンはショッカーの改造技術はほぼ復活させたのだ。そして、「次はゲルショッカーとデストロンの改造技術を復活させろ」

と、現場の苦悩を知らない暗闇大使は、簡単に命令を下したのだろう。

上司の理不尽な命令に苦悩する現場の研究者の姿が、目に浮かぶようである。そして、苦心に苦心を重ね、付け焼き刃にこじつけで作り出したのがタイガーロイドであり、ゼクロスだったのである。共感するサラリーマンの方も多いだろう。世界征服を狙う偉大なバタンとはいえ、組織というものはどこも同じなのだ。

ゼクロスは忍者虫？

ゼクロスは忍者ライダーと呼ばれているが、昆虫にも忍者と呼ばれるものがいる。

忍者虫の異名を持つ昆虫は、ナナフシである。ナナフシは手足や体が細く木の小枝のようになっている。ナナフシがじっと動かないとごく近くにいても見つけることができないほどである。こうして、枝に化けながら天敵から身を守っているのである。

ナナフシのように何かに似せて身を隠す方法は隠蔽《いんぺい》擬態《ぎたい》と呼ばれている。

イモムシも枝や葉に化けて見つかりにくくしている。シャクトリムシが体を伸ばして斜めに立つと本当に枝そっくりである。アゲハチョウの若齢幼虫は鳥の糞そっくりの色をして隠れている。木の肌と同じ色をして幹に隠れているガもいる。どれもこれも忍者顔負けの隠れ方である。

ところが、ナナフシ以外に忍者虫と呼ばれる虫がいる。カメムシである。カメムシは、窓を閉め切っていても必ずどこからか家の中に入ってくる。密閉された二重サッシもものともしない。それで忍者虫と呼ばれているのだ。

敵に襲われると煙幕さながらに、臭いにおいを撒き散らして、敵をあわてさせる。まさに忍者さながらだ。もっとも、それでついたあだ名は「屁《へ》こき虫」である。

カメムシの背中は様々な模様がある。鮮やかな模様のものもあれば、人の顔に見えるものさえある。そういえば、ゼクロスの顔はカメムシの背中にも似ているような気がする。案外、ゼクロスのモチーフはカメムシなのかもしれない。日本にいるカメムシでは、緑と赤のコントラストが鮮やかなアカスジカメムシはゼクロスの顔を思わせる配色である。バタンのアジトがあった南米のジャングルは昆虫の宝庫である。恐らくは、もっと色鮮やかなカメムシがたくさんいることだろう。

ゼクロスは忍者ライダーらしく、様々な武器を体の中に隠し持っている。その一つに、電磁ナイフという鋭いナイフがある。実は、カメムシも鋭いナイフを持っていて針のような口はナイフのように鋭い構造になっている。その鋭いナイフで植物の実や種子に穴をあけ、養分を吸い取るのである。

さらにゼクロスは、自分の幻影を発生させる「虚像投影装置」や「レーダー攪乱《かくらん》煙幕」という煙幕も持っている。これらの武器は意外とカメムシの「屁こき」に由来するのかもしれない。カメムシのように噴出したガスで敵を錯乱させ、幻影さえ見せてしまうのではないだろうか。

ゼクロスのモチーフはカミキリムシではなく、意外にカメムシだったのかもしれない。ちなみに、平成ライダーシリーズの「仮面ライダーアギト」に登場した仮面ライダーギルスは、カミキリムシがモチーフである。ギルスは見るからにカミキリムシという顔をしている。それに比べると……ゼクロスの顔は平坦で、カミキリムシの顔というよりカメムシの背中のように見えてくるのは、気のせいなのだろうか。

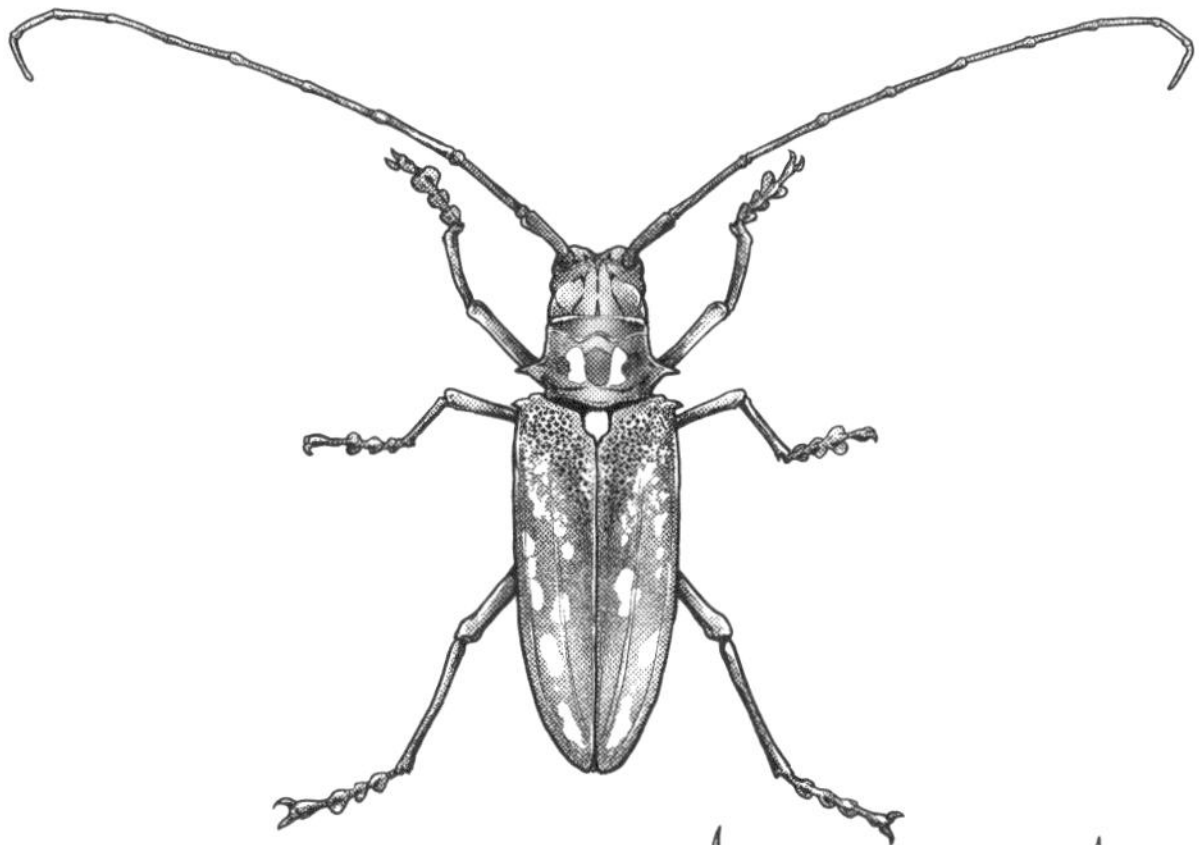

カミキリムシ(上)と
仮面ライダーギルス

仮面ライダーブラック

日食の日に生まれ、兄弟のように育った南光太郎と秋月信彦。しかし二人は、一九歳の誕生日に行なわれた謎のパーティで、ゴルゴムの三神官に連れ去られてしまう。実は、二人は暗黒結社ゴルゴムの次期創世王候補として育てられていた。

ゴルゴムは優れた人間だけを改造手術で怪人にし、怪人だけの世界を作ることを目的としている。五万年に一度、創世王候補の二人の改造人間、世紀王を戦わせて勝った方を創世王とする、というゴルゴムの風習によって、光太郎は世紀王ブラックサンに、信彦は世紀王シャドームーンとして改造されてしまう。しかし、光太郎は、脳改造寸前に脱走に成功。仮面ライダーブラックとしてゴルゴムに戦いを挑むことになる。

体内に埋め込まれたキングストーンのエネルギーで変身する。世紀王専用マシンで自我を持ったバッタ型のメカ生命体であるバトルホッパーを操る。さらに高性能のマシン・ロードセクターも持つ。

シャドームーンに改造された親友・信彦と戦わなければならない悲しみを背負いながら、仮面ライダーブラックは戦い続け、ついにゴルゴムを壊滅させる。

創世王の経歴

人類創世以前から存在したといわれるゴルゴムには、アンモナイト怪人やマンモス怪人などの古生物の改造人間が登場する。ゴルゴムは恐らくはるか古代から地球上に存在していたのであろう。ゴルゴムの大幹部である三神官もそれぞれ、古生代の三葉虫、中生代の翼手竜、新生代のサーベルタイガーの改造人間である。

まさに、ゴルゴムの歴史の長さを感じずにはいられない。それにしても、そんなにも大昔から存在したゴルゴムの創世王が、ただのバッタでよかったのだろうか。

実はバッタが地球に現れたのは三億年も昔のことである。まだ、人類の祖先は魚類の仲間で、やっと地上に進出しようかという頃である。そんな大昔から、バッタは現代と同じような姿だったのである。大昔からいた昆虫というと、ゴキブリがよく知られているが、バッタはゴキブリよりも古い生き物なのだ。

実は、バッタばかりでなく、現在私たちの身の回りに見られる昆虫の祖先の多くが、古生代に突如として現れた。しかも、その姿は現代の昆虫と何ら変わらない完成した姿だったのである。

最も古い昆虫はトンボやカゲロウの仲間だが、陸上に植物が出現したのとほぼ同時期に、現代と変わらず六本の足と四枚の羽を持つトンボの祖先が大空を飛びまわっていたのだ。

進化の痕跡もなく、昆虫が突然現れたのは、昆虫が宇宙からやってきた生物であるからとも、神様が創ったからともいわれている。ところが、昆虫の誕生はあまりに謎に満ちていて、現代の進化学では、これらの突飛な説をも否定することができないのが現状なのだ。

むしろ、創世王がバッタであったという事実は、昆虫が通常の生物の進化では説明ができない特別な存在であったということを裏付けるような気さえしてしまう。

五万年に一度交代するゴルゴムの創世王を、何と大げさな設定だろうと、思った方もいるかもしれない。しかし、それは歴史の浅い人間の考えることである。

人類の歴史は古代文明が誕生してからわずか数千年。猿人までさかのぼったとしてもたかだか四〇〇万年である。歴史の短い人類にとって五万年という歳月は、想像できないくらい長い。しかし、昆虫は三億年前に出現し、今も変わらぬ姿で生きている。三億年という昆虫の歴史にとって、五万年という歳月は決して長いものではないのだ。

世紀末やミレニアムなどで大騒ぎする人間では、とてもゴルゴムに太刀打ちすることはできないだろう。ましてや、数年先のことさえわからないなどと言っているようでは話にならない。きっと、昆虫は人間のスケールの小ささを笑っていることだろう。

古生物としての仮面ライダーブラック

創世王の候補であるブラックサンこと仮面ライダーブラックにも、古い時代の進化の足跡を見ることができる。

大昔、地球上に誕生した原始的な生物はナマコのような軟体動物だった。この軟体動物が体を支えるために、体の中心に背骨を発達させた。これが魚類や両生類、爬虫類、哺乳類などの脊椎《せきつい》動物の進化である。万物の霊長といわれる人類は、脊椎動物の進化の頂点にある。

しかし、これとは別にもう一つの進化の流れが存在する。無脊椎動物である。彼らは体を支えるために背骨ではなく体の表面を外骨格という固い殻で覆うことを考えた。エビやカニがその例である。やがて地上に進出して、羽を持ち、地球上に大繁栄したのが昆虫である。昆虫はこの無脊椎動物の進化の頂点にある。

人間と昆虫とは、二つの異なる進化形の双璧なのである。

仮面ライダーブラックは人間と昆虫という二つの進化形の能力をうまく併せ持っている。

オフィシャル設定にあるように仮面ライダーブラックの全身を覆うリプラスフォームと呼ばれる皮膚は昆虫の外骨格である。もちろん、人間の体を基本に改造が加えられているから外骨格に加えて体の中心には背骨も持っているのだ。

これだけではない。ブラックは、首や手足にあるパワーストライプスという黄色と赤の線の部分にエネルギー蓄積細胞を集中させている。このように体の部位に機能を分散させるのは昆虫の体と同じ仕組みである。

人間をはじめとした脊椎動物は、脳に情報を一局集中し、複雑な情報処理によって状況判断を行ない、体の各部に命令を伝達する。一方、昆虫は単純である。人間のように大きな脳は持たない代わりに、体の節目節目に小さな脳や神経中枢を分散させ、体の各部位が条件反射的に反応できるようにできている。

こうしてみると、高度に進化した人間に比べて、昆虫は劣っているように思えるかもしれない。しかし、どうだろう。高度な脳を持つ人間が、必ずしも正しい状況判断ができるとは限らない。情報が多すぎて、悩んでしまうだけということもある。本社社長の指示を仰がないと何もできない大会社のようなものだ。

それよりも、担当者が決裁権を持っていて即決できる小さな会社の方が強いこともある。昆虫は、よけいなことを考えるよりもシンプルに素早く行動することがよいと考えた。そして、三億年の歴史を生き抜いてきているのである。

子どもの頃、魚とり用の目の粗いタモでトンボをつかまえたことがある。トンボは必死にタモの網に噛みついて離れない。羽を持って無理矢理ひっぱると、何と頭がとれてしまった。

それでもトンボは頭だけでタモに噛みついたまま離れなかった。その時のトンボの怨念に満ちた形相が、私の脳裏に焼きついて今も離れない。さらし首のまま、空を飛んだという平将門の怨霊さながらである。胴体の方はどうかというと、バランスを崩しながらも、羽をさかんに動かして、道の上でのた打ち回っていた。人間であれば、とてもこんなことはできない。これも、体を動かす命令系統が分散しているから、可能なのである。

ゴルゴムの創世王の正体は体内器官の一部のような姿であった。五万年という歳月の中で、創世王にどんな災難が降りかかったのかはわからない。しかし、一部の器官だけで生き続けることができたのも、創世王が昆虫と同じように脳の機能を分散していたからに他ならないのである。

ベルトの進化論

さらに注目したいのはベルトである。オフィシャル設定では、仮面ライダーブラックのベルトは巨大な一つの細胞からできていると説明されている。あんなにでかい細胞など本当にあるのだろうか。

細胞の大きさは通常、〇・〇一〜〇・〇五ミリ程度の大きさである。しかし、大きな細胞もある。髪の毛や卵の黄身などは、一つの細胞が大きく進化したものである。このように、細胞もある程度、大きくなり複雑な形になることが可能なのだ。そして、かつて生物は単細胞のままで進化することを試みていたのである。

生物は昔、一つの細胞からなる単細胞生物だった。そして、この一つの細胞を大きく発達させることによって進化を遂げようとするのである。アオノリの仲間のカサノリは一〇センチ程度の大きさになり、笠や茎、根などが分化している。しかし、驚くことにこのカサノリは一つの細胞からできている単細胞生物なのである。世紀王のブラックサンのベルトは、単細胞が大きく、複雑に進化したものだとしても何ら不思議はない。カサノリやブラックのベルトはこうして進化を遂げたのである。

しかし、一つの細胞で進化するには限界がある。そこで進化の主流は、生物は細胞のサイズを小さくし、細胞の数を多くすることで大きく、複雑になる多細胞生物への道を選択するのである。そういう意味では、カサノリもブラックのベルトも進化から取り残された古いタイプの生物であるといっていい。

さらに、ベルトの内部にはキングストーンが埋め込まれている。ブラックRXでキングストーンは南光太郎に話しかけるシーンもあることから、キングストーンも意思をもつ生命体であると考えられる。巨大な細胞であるベルトの中に埋め込まれたキングストーン。これこ

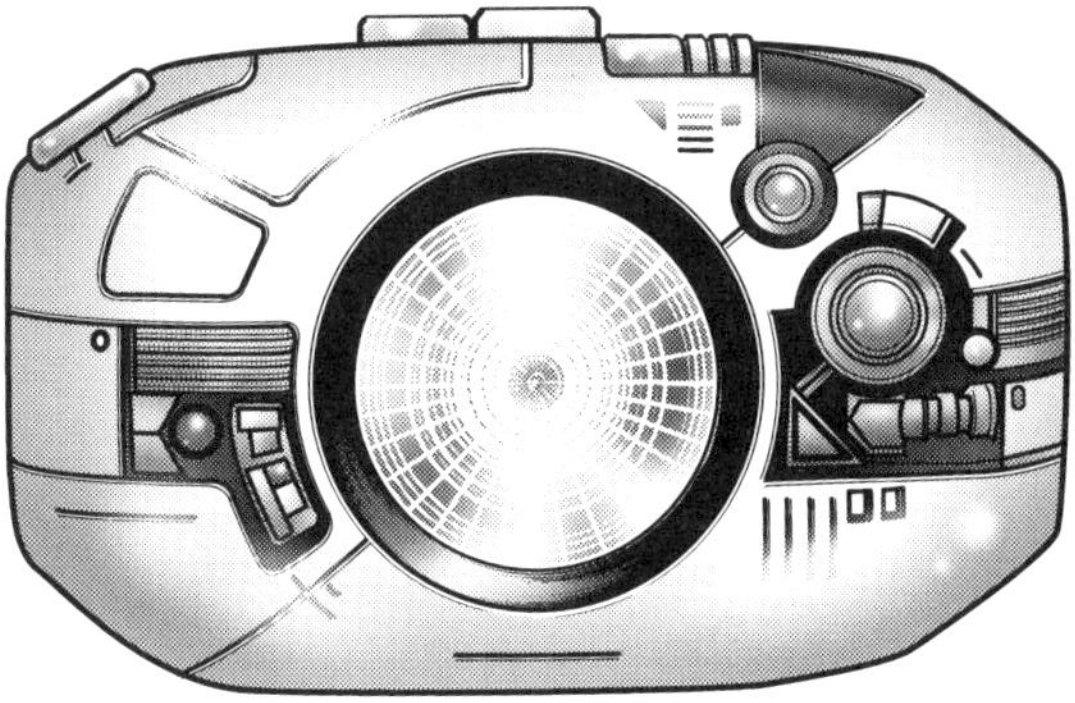

キングストーンを取り込んで
進化した細胞

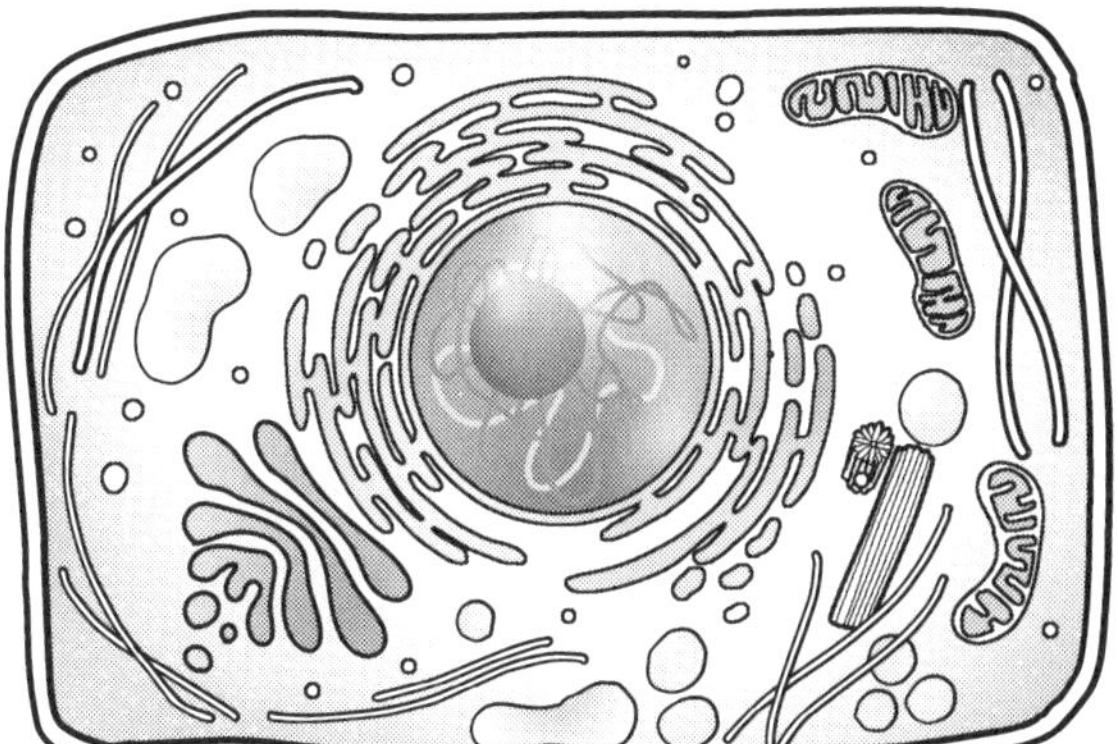

単細胞生物を取り込んで
進化した細胞

そが、生物の重要な進化の軌跡なのである。

動物の細胞にはミトコンドリアという、酸素呼吸によってエネルギーを作り出す小器官がある。また、植物の細胞には光合成を行なう葉緑体という小器官がある。ミトコンドリアも葉緑体も細胞の活動にとって非常に重要な役割を果たしている。

これらの小器官は驚くことに、細胞本体の核ＤＮＡとは別に、独自のＤＮＡを持ち、細胞内で増殖を行なっている。実は、これらの小器官は、独立した生物だったものが、はるか昔に大きな細胞に取り込まれて共生関係を築いたのだと考えられている。そして、ミトコンドリアや葉緑体を取り込むことで細胞は飛躍的に機能を向上させた。

まさに、ベルトに取り込まれエネルギーを供給するキングストーンと同じである。仮面ライダーブラックのベルトには生命の壮大なドラマが刻まれているのである。

もちろん、私たち人間の細胞の中にもミトコンドリアが存在している。そして、ライダーにエネルギーを供給するキングストーンと同じように、私たちにエネルギーを与え続けてくれているのである。

戦う宿命

最近、息子と時々ポン抜きゲームをするようになった。ポン抜きゲームというのは囲碁の入門編のゲームで、囲碁と同じように黒石と白石とを交互に置いていくのだが、陣地の多少は競わずに、石をとりあっていくゲームである。囲碁はまだまだ難しいが、これならば幼稚園児の息子でも何とかできる。

なんでも、囲碁は今から四千年前の古代中国で作られたそうである。囲碁は陰陽五行を表していて、碁盤は宇宙を、黒石と白石はそれぞれ陰と陽を意味しているという。そして本来、囲碁の対局者は陰と陽の二つの気を司る神であるらしい。

どこかで聞いたような話だと思ったら、どうもゴルゴムの風習と似通っている。ゴルゴムでは二人の世紀王が戦いを繰り広げる。そして戦うのは、黒い太陽を意味する黒いボディのブラックサンと陰の月を意味する白いボディのシャドームーンである。まさに盤上の黒石と白石の対局を思わせる。おそらく、古代中国に誕生した陰陽五行説や囲碁は、太古より続くこのゴルゴムの風習からヒントを得て発展したのだろう。

それにしても二人の世紀王を戦わせて勝ち残った方を王にするゴルゴムの風習。そして、双子のように育った光太郎と信彦を戦わせようとする。何と残酷な風習と思う方も多いだろう。

しかし、自然界ではむしろこれは当たり前のことなのだ。

女王を中心に集団を作る社会性をもつハチは、複数の女王バチ候補を育てている。一匹しかいないと不慮の事故があったときに女王を失ってしまうからである。

ところが、最終的に女王は二人いらない。そのため、一番先に羽化した女王バチは、次々と他の女王候補を殺してしまう。同時に羽化した場合はどうなるか。この場合は二匹が激しいバトルを繰り広げて、生き残った一匹が新女王の座につく。女王バチの毒針は、この女王を争う決闘の時のみに使われているのだ。これが昆虫の世界である。

自然界の風習に従えば、同じ日に産まれた光太郎と信彦が戦う運命にあったのも当然のことなのだ。そして、二人の候補を戦わせて勝った方を王とする風習があったからこそ、ゴルゴムは長い間、王を失うことなく繁栄することができたのである。

ハチのような社会性昆虫だけではない。ジャコウアゲハは最初に産まれた幼虫が他の卵を片っ端から食べてしまう。卵には幼虫の食欲を誘う物質がついているのである。つまり、最初から共食いを促すように仕組まれているのだ。厳しい自然界で限られた量の餌で生きていくために、他の卵はその勝者の餌となるのである。

幼虫同士の共食いは決して珍しいことではない。カマキリの幼虫やテントウムシの幼虫もよく共食いを行なう。

厳しい自然界ではごく当たり前のゴルゴムの風習。しかし、我々人類は進化の末にこの風習を悪と憎む愛と人道を手に入れた。これは三五億年に及ぶ地球の生命の歴史にとって実に革命的なことである。そして、我々人類が誇るべきことであると言えるのではないだろうか。

操られる王

それにしても、五万年という創世王の寿命はあまりに長すぎないだろうか。創世王がバッタであるとすると昆虫の寿命は短く、長くても半年から一年以内というのが私たちの常識の範囲だろう。

ここで、忘れてならないのは創世王が王であるということである。昆虫でも社会性をもつものは、王の寿命が極端に長いことも決して珍しいことではないのだ。

ミツバチでは働きバチの寿命はわずか四〇日程度であるのに対し、女王バチは三〜四年の寿命を持つ。アリも働きアリは六ヵ月程度の寿命であるが、女王アリの寿命は何と一〇年である。

さらに、長生きな女王もいる。巨大な塔を作ることで有名なオーストラリアのナスティテルメス・シロアリの女王は、何と一〇〇年以上の寿命を持つのである。一世紀の長きにわたる支配によって、ついには巨大な塔と王国を築き上げるのである。

ところで、南光太郎はゴルゴムの創世王の候補として改造されたが、脳改造寸前に逃げ出した。しかし、王を脳改造するとはどういうことなのだろう。王がその命に従わせるために、部下を改造するのであればわかる。王となるべき人を改造するというのは何か逆のような気がしないだろうか。

ミツバチの集団は一匹の女王とたくさんの働きバチから構成されている。あたかも、一匹の女王のために、多くの働きバチたちが働かされているように見える。しかし、実際のところは違うようだ。

女王バチは卵を産むのが仕事である。巣の中の巣室に女王は順番に卵を産んでいくのだが、このとき、巣室の作りを触角で丹念に調べて広めの巣室には雄の卵を、狭い巣室には雌の卵を産み分けていく。つまり、女王自身の意思ではなく、巣の作りに従って産み分けているのである。

この巣を作ったのは働きバチである。実は、女王バチは働きバチの意図に従って卵を産まされているだけなのである。女王バチはいわば操られているのだ。

女王バチと働きバチとは産まれたときにはまったく区別はない。しかし、幼虫時代からロイヤルゼリーを与えられて育つと女王バチになることはよく知られている。つまり、女王バチは働きバチたちによって改造された存在なのだ。

女王バチを誕生させるのは、その方が働きバチにとって都合がいいからに他ならない。すでに紹介したアリと同じように、ハチにとっても兄弟姉妹で繁栄し、その中から女王を作り出して卵を生ませる方が、自分が子孫を残すよりも有利なのである。

ミツバチの女王バチは一日に二〇〇〇~三〇〇〇個もの卵を産むという。考えてみれば花をまわって蜜を集めるよりも、よっぽど過酷な労働である。女王バチは卵を産む道具として利用されているのだ。

悪の結社ゴルゴムもまったく同じなのではないか。王とはいえ、それはゴルゴムの都合のよいように動く存在である必要があったとも考えられる。

王を操る悪の組織ゴルゴム恐るべし、とあなたは思うかもしれない。しかし、どうだろう。頭のよい官僚に支配される大臣がいるどこかの国や、妻に実権を握られた名前ばかりの主人が働かされている我が家も、ゴルゴムと似たようなものとはいえないだろうか。

仮面ライダーブラックRX

ゴルゴムを壊滅させ、新しい生活をはじめていた南光太郎の目の前に、突如として怪魔界からの侵略者・クライシス帝国が出現し、彼に地球支配の協力を求める。これを拒否した彼は変身機能を破壊され、怪魔空間へ投げ出されてしまうが、太陽の生命エネルギーを吸収した体内のキングストーンが奇跡を起こし、彼を仮面ライダーブラックRXとして甦らせた。

変身後、「俺は太陽の子、仮面ライダーブラックRX!」の決め台詞で名乗りをあげた。

必殺技は、光のスティック・リボルケインを敵に突き刺すリボルクラッシュ。マシンは、バトルホッパーが生まれ変わったアクロバッターと光太郎自らが開発したライドロン。ブラックRXは悲しみのエネルギーでロボライダーに、怒りのエネルギーでバイオライダーに二段変身することもできる。

異次元の怪魔界にあるクライシス帝国は、五〇億人の民を地球に移住させるために地球攻撃を行なった。しかし実は怪魔界は、地球と運命を共にしてきた地球そっくりの双子の星で、地球の環境汚染によってバランスを崩されて、今まさに滅びようとしていたのだった。

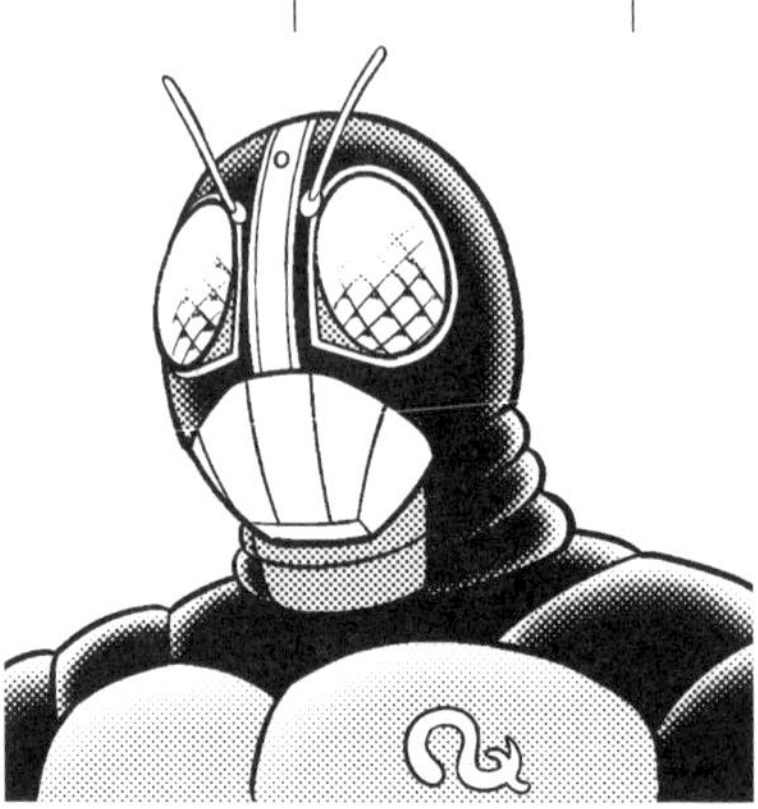

太陽の子はショウリョウバッタ

キングストーンが太陽の生命エネルギーを吸収することによって誕生したのが、ブラックRXである。そのため、RXは太陽の恵みがないと変身することができない。

ブラックRXのモチーフはショウリョウバッタである。そういえば、ショウリョウバッタは太陽の光が好きである。日なたで虫かごを開けようとすると太陽の光をめがけてショウリョウバッタが跳ねてくる。そのため、ショウリョウバッタの入った虫かごを開けるときは、日陰の方がいいといわれている。

草むらにすむショウリョウバッタも、RXと同じく太陽のエネルギーに依存して生きている。地上に降り注いだ太陽エネルギーは、植物の光合成によってエネルギー源の糖を作る。そして、そのショウリョウバッタが植物を食べて、太陽エネルギーが作り出したその糖を体内に取り入れてエネルギーとするのである。

もちろん、太陽のエネルギーに依存して生きているのはすべての生物に共通する。仮面ライダーブラックがRXに変身する奇跡を起こしたキングストーン自身がこう語っている。

「日の光はこの世の万物を照らし、生きとし生けるものすべてに生命を与える宇宙の愛だ」

もちろん、私たち人間も太陽のエネルギーなしには生きていくことはできない。私たちが食べる穀物や野菜、果物はどれも植物に由来する。植物が光合成によって取り込んだ太陽エネルギーを、私たちが取り入れてエネルギーとしているのである。肉を食べてもそれは同じである。太陽エネルギーを植物が取り入れ、その植物を食べて太陽エネルギーを取り入れた動物の肉を私たちが食べる。こうして、すべての生物は、太陽エネルギーによって生きているのである。

キングストーンこそないものの、私たち人間も、ブラックＲＸと同じ太陽エネルギーによって生きているのだ。さあ、太陽エネルギーを取り入れて、私たちも強く変身しようではないか。

ブラックからＲＸへ

学術的な分類ではないが、バッタは顔を正面から見た形で、「仮面ライダー顔」と「ねずみ男顔」とに大別される。

トノサマバッタは仮面ライダー顔だが、細長いショウリョウバッタやオンブバッタの顔は「ねずみ男顔」である。ねずみ男というのは、あのゲゲゲの鬼太郎に登場するビビビのねずみ男のことだ。

トノサマバッタが仮面ライダー顔とされるように、バッタをモチーフとしたライダーはすべてトノサマバッタタイプをモチーフとしている。1号ライダー、2号ライダー、スカイライダー、仮面ライダーブラックはすべて、いわゆる仮面ライダー顔である。ところが、ブラックから変身を遂げたRXのモチーフはネズミ男顔のショウリョウバッタなのである。

これは、仮面ライダーの歴史の中でも大きな転換である。バッタの顔を変えた背景には何があったのだろうか。キングストーンが起こした奇跡の真相とは何だったのだろうか。

私は小学校一年生のときに、バッタとりに夢中になった時期がある。授業中もボンヤリしていて、何でも注意した先生に「僕は今、バッタのことで頭がいっぱいなんだ」と言ってのけたらしい。その頃、私の虫かごの中をいっぱいにしていたのはトノサマバッタだった。トノサマバッタは敏しょうなので、つかまえるのが難しい。気づかれないようにそっと近づいていって、素早くつかまえなければいけないのだ。しくじると、バッタはあっという間に遠くへ飛んで逃げてしまう。当時の私は、この狩りの感覚がたまらなかったのである。

しかし最近では、トノサマバッタを見かけることは少なくなった。息子とバッタとりに出かけても、よく見かけるのは、虫取り網がなくてもつかまえられるほどドンくさい、ショウリョウバッタの方である。

トノサマバッタは高い飛翔能力を持っているので、行動範囲が広い。そのため広大な草むらがないと生きていくことができないのである。仮面ライダーが最初に登場したのは一九七一年。高度成長期の中にあっても、まだあちらこちらに原っぱが残されていた。しかし時はたち、ＲＸが誕生したのは一九八八年。この二〇年間で都市開発は著しく進み、広い原っぱはすっかり失われてしまった。そのため、トノサマバッタなどライダー顔のバッタたちは生きていくことができず、姿を消してしまったのである。

一方のショウリョウバッタは行動範囲が狭い。そのため、道路の中央分離帯や街中のわずかな空き地を利用して生きていくことが可能なのである。

高度成長の開発の波は、人知れず仮面ライダーにも影響を及ぼしたのである。そして、ライダー顔のトノサマバッタタイプだった仮面ライダーブラックは、ＲＸとしてよみがえる時に、ついにねずみ男顔のショウリョウバッタタイプにならざるをえなかったのである。

広い原っぱを必要としているのは、トノサマバッタだけではない。かつて原っぱはライダーを夢見る少年たちの遊び場所でもあった。ライダー役を取り合って戦いごっこをしたり、勇気を振り絞って土管から飛び降りたり、オートバイを真似て自転車を走らせたり。そんな子どもたちを育んでくれたのも、広い原っぱだったのだ。

僕が遊んだ原っぱは、今も健在だろうか？

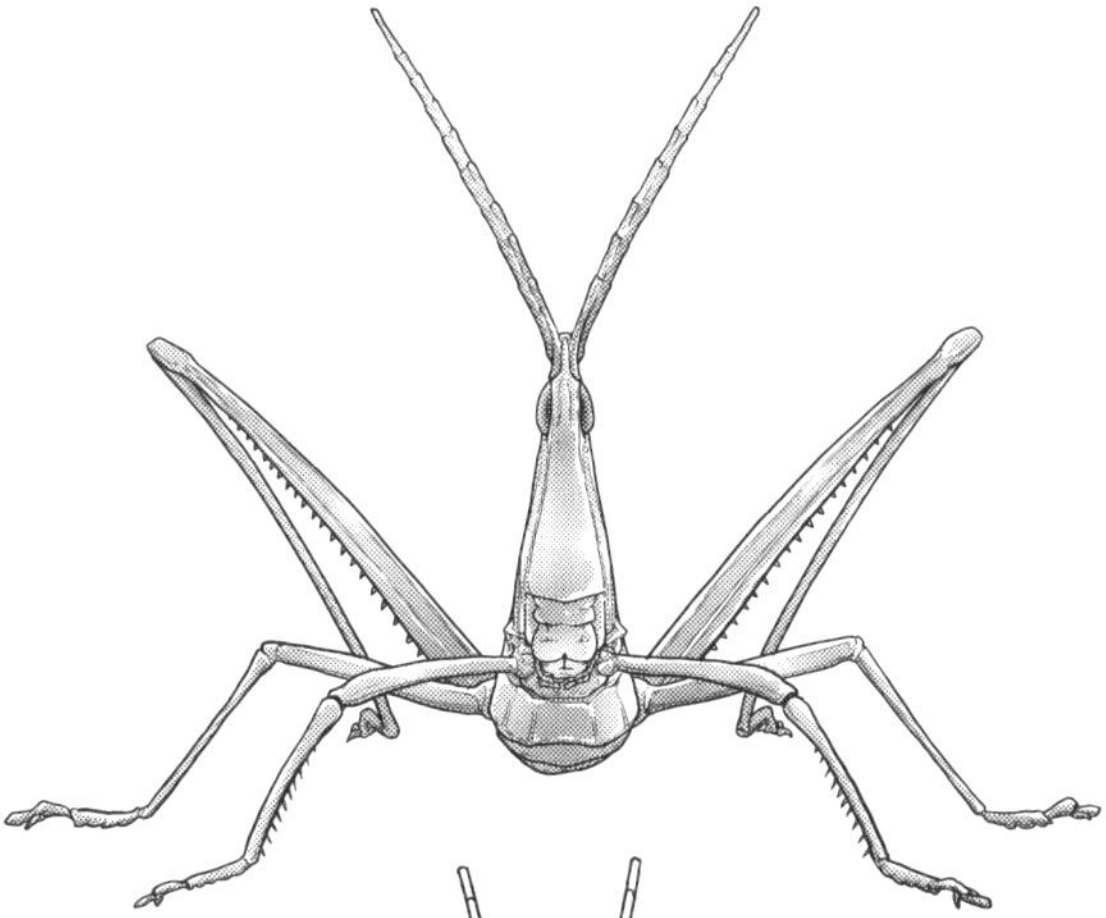

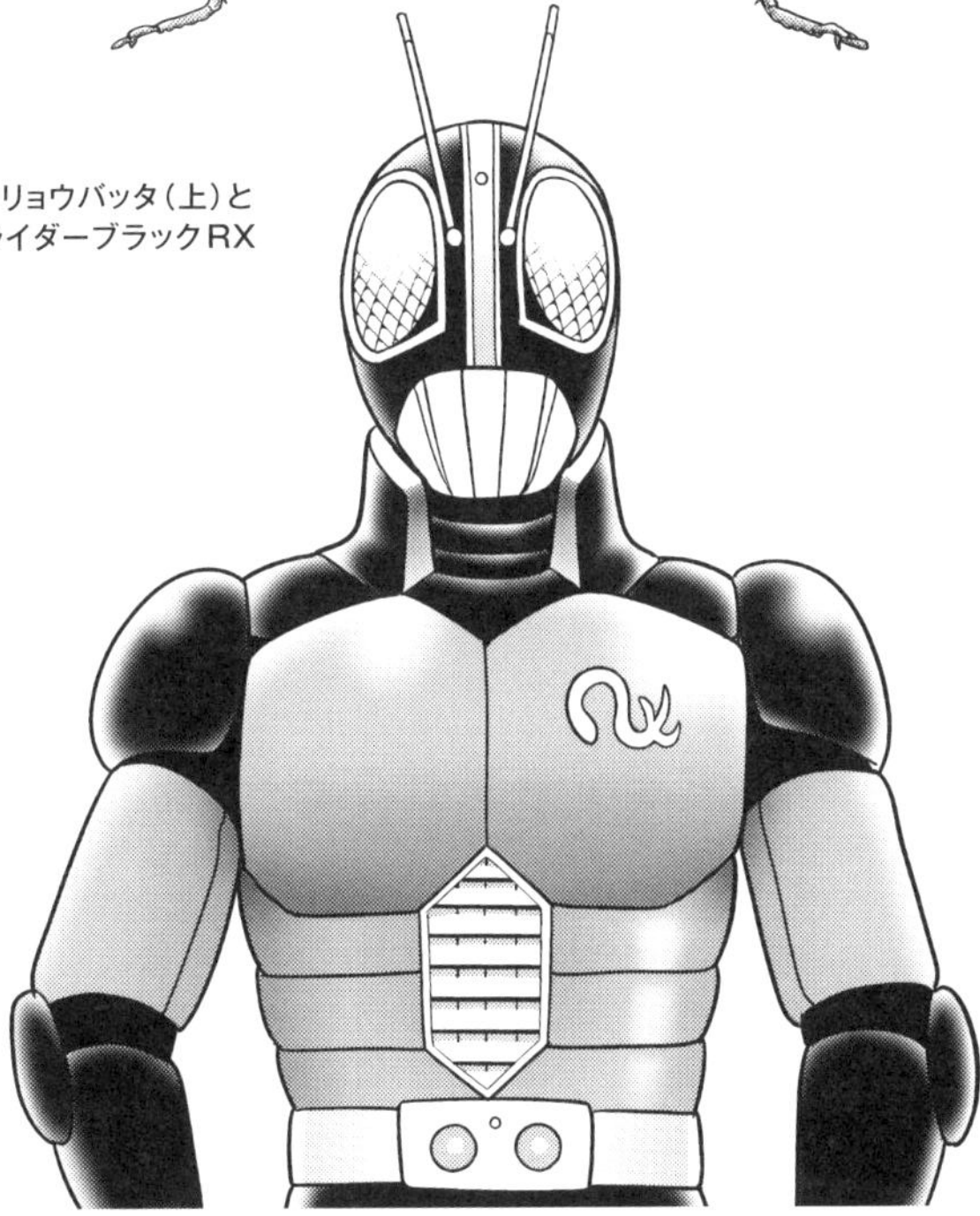

ショウリョウバッタ（上）と
仮面ライダーブラックRX

仮面ライダーよ永遠に

仮面ライダーブラックRXがクライマックスを迎えると、夢の共演が実現する。RXとともにクライシス帝国を倒すため、一〇人の先輩ライダーたちが一堂に会するのである。

仮面ライダーファンならずとも、胸の高まりを抑えずにいられないだろう。しかしそれは、仮面ライダー1号からブラックRXまで続いた仮面ライダーシリーズが、一つのピリオドを打つことを予感させるシーンでもあった。

仮面ライダーシリーズのモチーフとして、あるいはモチーフの候補としてこの「昆虫記」で登場した昆虫たちを見てみよう。

トノサマバッタ、赤トンボ、カマキリ、ヤゴ、ゲンゴロウ、タガメ、オオミズアオ、カブトムシ、アブ、テントウムシ、イナゴ、スズメバチ、カミキリムシ、カメムシ、ショウリョウバッタ。仮面ライダーに負けず劣らず豪華な顔ぶれである。そしてこの個性豊かで魅力的な昆虫たちは、いずれも私たちの身近な自然に暮らす生き物なのだ。

しかし、この美しい宝物が過去のものになろうとしている。

バッタを追いかける原っぱも、赤トンボが飛ぶ空も、私たちの周りから人知れず姿を消している。カブトムシはデパートのおもちゃ売り場の特売品になり果ててしまった。そして、虫取り網を手に野山を駆け回る子どもたちの姿も見られない。

仮面ライダーは昔も今も子どもたちに大人気である。しかし、仮面ライダーのモチーフとなった昆虫たちの物語を話しても、子どもたちにはまるでわからない時代がそのうちに来るのかもしれない。

地球支配を狙ったクライシス帝国は、実は地球の環境汚染の影響を受けて滅びようとしている地球の兄弟星の住人であった。クライシス皇帝はＲＸに倒されるその断末魔の中で訴える。

「人間どもが地球を汚せば、新たな怪魔界が人間を襲うだろう。すべてはおまえたち人間どもの罪だ」

クライシス皇帝の死によって地球に平和が訪れた。しかし、平和に暮らしていたはずのクライシス帝国の五〇億の民もまた、地球の環境破壊によってついに消滅してしまうのである。そしてついにラストシーン。戦いを終えたＲＸは、このクライシス皇帝の最期の言葉を胸に走り去っていく。地球に生きる私たち人類は、ＲＸとともにこの言葉をかみ締める必要があるだろう。

クライシス帝国が滅び去った後も、地球の環境は破壊され続けている。地球に生きる多くの生命が今も絶滅の危機に瀕している。そして、地球を守ってくれた仮面ライダーのモチーフたちでさえも、私たちの身近な自然から姿を消しつつあるのである。

物語はまだ終わっていない。私たち人類には、守りぬかなければならないものがあるのではないだろうか。

あとがき

「仮面ライダーになるにはどうしたらいいの？」

息子が聞く。

「サーちゃんも、アマゾンとかなりたいなぁー」

娘も言う。

子どもたちを引きつける仮面ライダーの最大の魅力は、何といっても変身だろう。

私も夢想してみた。ある日突然、改造手術を受け、知力も体力も超人的になったらどんなに良いだろう。もう肩こりに悩むこともないし、どうせなら英語もペラペラになるように改造してもらおう。

しかし、考えてみてほしい。歴代の仮面ライダーたちは、けっして変身したから強くなったのではない。人間として強かったからこそ仮面ライダーとして選ばれたのである。そして、改造された後もライダーたちは常に特訓によって新しい技を開発し、パワーアップを図っていった。仮面ライダーは決して無敵のヒーローではない。自らの能力を高め、強敵に立ち向かうからこそ、ヒーローたりえたのである。

そして、仮面ライダーをめざす君たちは、できれば自然の不思議さを感じる科学の心を持ってほしい。1号ライダー本郷猛、V3風見志郎は生化学専攻、ライダーマン結城丈二はデストロンの科学者、Xライダー神敬介は水産学専攻、ストロンガー城茂は電気工学専攻、スーパー1沖一也は宇宙開発研究所勤務だった。みんな正義とともに科学を愛する青年だったのだ。

人間にとって科学とは何か？　科学はどうあるべきか？　これが仮面ライダーの大きなテーマだろう。

仮面ライダーはショッカーの技術で作られたが、正義の心は失わなかった。科学は使う人の心で正義のヒーローにも悪の怪人にもなる。科学は諸刃の剣なのだ。ノーベルは、自分が発明したダイナマイトが戦争の殺戮《さつりく》道具に用いられたのを憂えて、ノーベル賞を創設した。アインシュタインの発見した核融合は、彼の意思に反して後に原爆となり、罪のない多くの人の命を焼き尽くした。

科学の進歩は時に、人の心の闇《やみ》に忍び込む。その闇がショッカーを生みだすのである。科学の時代に生きる私たちこそ、「心」をなおざりにしてはいけないのだ。心を忘れなければ、科学は私たち人類に大いなる英知と幸福をもたらしてくれることだろう。

もちろん、仮面ライダーになるのは簡単なことではない。つらいことや困難が君たちの将来に待ちうけていることだろう。しかし、思い出してほしい。君たちに吹き付ける逆風は障害ではない。逆風こそ、仮面ライダーが変身するエネルギーの源なのだ。逆風を受ければ受けるほど、ベルトの風車が回りエネルギーがコンバータにためられてゆく。そんな変身ベルトをぜひ感じてほしいのだ。そして、逆風に打ち克って困難を乗り越えた時、君たちはきっと確かな変身を遂げていることだろう。

時代を超えて、子どもたちに夢と希望を与え続けてくれる仮面ライダー。もちろん、私もかつて仮面ライダーに憧れた少年だった。逆風が力になるのは、大人になった今でも変わらないはずだ。

ジャングルジムのてっぺんで、息子といっしょに変身ポーズをとったとき、私は、忘れかけていた夢と希望の確かな力を思い出したような気がした。

そうだ。今度の休みには、息子とあの原っぱへ行ってみることにしよう。子どもの頃の大切な忘れ物を取りに。

私の息子にもお礼を言わなければならないだろう。私が仮面ライダーに再会するきっかけを作ってくれたのは、他ならぬ息子である。そして、夕食を共にしながら、一緒にお風呂に入りながら、息子と花を咲かせた仮面ライダー談義の数々が、本書に多くのヒントと示唆を与えてくれた。本書のもう一人の著者は、何を隠そう私の息子だったことを最後に告白しておこう。

［新装版］あとがきにかえて　仮面ライダーは永遠なり

仮面ライダーのテレビ放送がスタートしたのは、一九七一年、昭和四六年のことだ。

あれから半世紀以上が経ち、当時の子どもたちはみんな大人になり、歳を取った。

それでもなお、仮面ライダーは色あせることがない。

仮面ライダーは二〇二一年に五〇周年を迎え、二〇二三年には、映画「シン・仮面ライダー」の公開が控えている。そして、仮面ライダーシリーズは昭和、平成、令和という三つの時代を超えて、今も続いている。二〇二二年時点で、仮面ライダーの数は主役級だけで三〇人を超えている。ライバルや悪のライダーまで含めると、仮面ライダーの数は一〇〇人を超えているらしい。怪人にいたっては、一五〇〇体にも及ぶ。日本は世界でも生物の種数が多いことで知られているが、日本に生息する哺乳動物は一三〇種だから、怪人だけでそれをはるかに超える生物多様性がある。

仮面ライダーの物語は、悪の軍団ショッカーが、本郷猛を改造して、仮面ライダー1号を造り出したことから始まる。本当に石ノ森章太郎は、とんでもない改造人間を創り出したものだ。

いや、原作は石ノ森氏だが、実際に仮面ライダーを造り出したのは、ショッカー技術陣だから、「ショッカーはとんでもないものを造り出したものだ」と言うべきだろうか。


仮面ライダー1号はバッタをモチーフにした改造人間である。

小さかった頃、私はバッタが大好きだった。

幼いときの話なので、まったく私の記憶にはないが、私は学校の授業を一人で抜け出してバッタ獲りに行っていたことがあるらしい。そして担任の先生を前にして「ボクはバッタのことで頭がいっぱいなんだ」と言ってのけたという。

もし、私が偉人になっていれば、天才エピソードだが、残念ながら私は平凡な人間だから、「何とかまともに育って良かった」と親がなつかしむだけの昔話になっている。

物心ついた頃から、仮面ライダーも大好きだった。バッタが好きだったから、仮面ライダーが好きになったのかは、今となってはわからない。とにかくバッタも仮面ライダーも好きだった。

本郷猛は、バッタの改造人間となるべく手術を受けたが、脳の改造手術を免れて、正義のヒーローとなった。しかし私はといえば、物心ついた頃から、脳を「バッタの改造人間」に支配されていたのである。

ショッカーの改造人間は、誰もがもともとは人間である。

通学路で見かけた人や近所に住む人が、もしかしたらショッカーの改造人間かもしれない。

これが、ショッカーの恐ろしいところである。

幸い、私はショッカーの改造手術を受けることなく、今にいたっている。

じつはこれは原作で明らかにされていることだが、「優れた頭脳と鋼のような肉体の持ち主のみがショッカーの一員になれる」らしい。そして、「ショッカーはせかいのあらゆるところに組織を持ち、その国の選ばれた者のみを組織に加える」らしいのだ。

私や私の両親が誘拐されて改造される心配など、まったくなかったのだ。

このたび、二〇〇三年に刊行した『仮面ライダー昆虫記』が二〇年の時を経て［新装版］として出版されることになり、私は改めて仮面ライダーのＤＶＤを借りて見てみた。家族には気持ち悪がられ、からかわれもしたが、それにも負けずに見た。

すると、どうだろう。

私は、もう五〇を過ぎた老年だというのに、仮面ライダーを見ると心が躍る気持ちになった。そして、仮面ライダーごっこで遊んだ日々を、ありありと思い出すことができたのだ。

恐ろしいことに、私の脳は未だ「バッタの改造人間」に支配されていたのである。

本当に、ショッカーは、とんでもないものを造り出したものだ。

そんなことを考えながら散歩していると、草むらから一匹のバッタが飛び立った。

少年の頃、追いかけたバッタだ。

バッタは春に卵から生まれて大人になり、秋に卵を産むと死んでしまう。

あれから五〇年が経ったとしたら、もうあのバッタは、私が追いかけたバッタの五〇代も後の子孫ということになる。

バッタたちはこうして五〇年もの間、命をつないできたのだ。

私たち人間も、同じように命をつないでいる。仮面ライダーに夢中になった子どもたちは、いつしか父となり、その子どもたちもまた仮面ライダーを見て大きくなった。

仮面ライダーもまた、世代を超えて、時代を超えて、受け継がれている。

孤高の戦士、仮面ライダーはいったい何と戦ってきたのだろうか。

彼が戦ってきたショッカーは、改造人間を作ることのできる高度な科学技術を有していた。

石ノ森章太郎氏の著した原作であるマンガ版の『仮面ライダー』で仮面ライダーは言う。


「科学はきさまらのように悪用するためだけのものじゃない」


この五〇年、科学技術は著しく進歩を遂げた。私たちの生活も豊かになった。

しかし、私たちは本当に幸せになったのだろうか。

昭和という時代が終わり、平成、令和と時代が移っても、常に悪は生まれ、平成ライダーや令和のライダーたちもまた戦い続けている。

石ノ森氏の『仮面ライダー』のラストは、こんな言葉で締めくくられる。


「人類が〝科学〟という『文明の武器』で戦う相手を間違えている」


人類にとって、幸せとは何か？

科学の果たすべき役割は何か？

正義とは何か？　悪とは何か？

私たちは、これからも問い続けるだろう。

そして、私たちが問い続ける限り、人類が幸せを求めて、悩み続ける限り、仮面ライダーたちもまた戦い続けるのだ。

仮面ライダーたちの戦いは、これからも終わることはないだろう。

仮面ライダーは永遠の存在なのだ。

さぁ、風が吹いてきた。

私もまた、変身することにしよう。

二〇二三年二月　稲垣栄洋

参考文献

レイ・ノース著／斎藤慎一郎訳『アリと人間』晶文社、２０００年
池田憲章・高橋信之『ウルトラマン対仮面ライダー』文藝春秋、１９９３年
矢島 稔『カブトムシにはなぜ角がある』ＰＨＰ研究所、１９９１年
岩佐陽一『仮面ライダー激闘ファイル』双葉社、２００１年
岩佐陽一編『仮面ライダー大全』双葉社、２０００年
『くらしきのトンボ』倉敷市、１９９７年
小野展嗣『くらしの昆虫記』日経サイエンス社、１９９２年
海野和男『昆虫顔面大博覧会』人類文化社、２００１年
長谷川仁『昆虫とつき合う本』誠文堂新光社、１９８７年
田中晴夫『知りたいサイエンス〔生物編〕』大河出版、１９９８年
安富和男『すごい虫のゆかいな戦略』講談社、１９９８年
中村雅雄『スズメバチの逆襲』新日本出版社、１９９２年

松浦誠『スズメバチはなぜ刺すか』北海道大学図書刊行会、1988年
竹内久美子『そんなバカな　遺伝子と神について』文芸春秋、1994年
新井裕『トンボの不思議』どうぶつ社、2001年
佐々木洋『都市動物たちの事件簿』NTT出版、1995年
安富和男『へんな虫はすごい虫』講談社、1995年
盛口満『ぼくらの昆虫記』講談社、1998年
斎藤慎一郎『虫と遊ぶ　虫の方言誌』大修館書店、1996年
小西正泰『虫の文化誌』朝日新聞社、1992年
長谷川裕一『もっとすごい科学で守ります！』NHK出版、2000年
リチャード・ドーキンス著／日高敏隆・岸由二・羽田節子・垂水雄二共訳『利己的な遺伝子』紀伊國屋書店、1991年
日高敏隆・竹内久美子『ワニはいかにして愛を語り合うか』新潮社、1992年

稲垣栄洋（いながき・ひでひろ）

1968年、静岡県生まれ。1993年、岡山大学大学院農学研究科（当時）修了。農学博士。専攻は雑草生態学。1993年農林水産省入省。1995年静岡県入庁、農林技術研究所などを経て、2013年より静岡大学大学院教授。研究分野は農業生態学、雑草科学。農業研究に携わるかたわら、雑草や昆虫など身近な生き物に関する著述や講演を行っている。

著書に『弱者の戦略』（新潮社）、『はずれ者が進化をつくる』（ちくまプリマー新書）、『生き物の死にざま』（草思社文庫）、『散歩が楽しくなる　雑草手帳』（東京書籍）など多数。

カバー・帯・本文作画＝石森プロ
昆虫イラスト検証＝小池啓一
ＤＴＰ＝明昌堂
協力＝野口英明
ブックデザイン＝長谷川 理

［新装版《しんそうばん》］仮面《かめん》ライダー昆虫記《こんちゅうき》

二〇二三年 三月 一七日 第一刷発行

著　者　稲垣栄洋《いながきひでひろ》
発行者　渡辺能理夫
発行所　東京書籍株式会社
〒一一四-八五二四　東京都北区堀船二-一七-一
電　話　〇三-五三九〇-七五三一（営業）
〇三-五三九〇-七五〇八（編集）
印刷・製本　図書印刷株式会社

Printed in Japan
ISBN978-4-487-81650-7　C0095　NDC914
日本音楽著作権協会（出）許諾第２３０１０８７-３０１号